WUNDER GESCHEHEN IM JETZT

MARGARITA DEL SOL

WUNDER GESCHEHEN IM JETZT

Was Bewusstheit möglich macht

Bibliografische Information der Deutschen Nationalbibliothek:
Die Deutsche Nationalbibliothek verzeichnet diese Publikation
in der Deutschen Nationalbibliografie; detaillierte bibliografische
Daten sind im Internet über http://dnb.dnb.de abrufbar.

© 2017 Margarita del Sol
Umschlagbild: Kotenko Oleksandr/Shutterstock.com
Satz, Umschlaggestaltung, Herstellung und Verlag:
BoD – Books on Demand

ISBN: 978-3-7431-0529-4

Inhalt

1. Einführung 7
2. Spiritualität, Bewusstheit 13
3. Heilung 83
4. Geistige Welt 107
5. Natur 117
6. Transformation und Wandel 139

Literaturverzeichnis 145

1. Einführung

Wünsche begleiten uns im ganzen Leben, weil wir schon mit Sehnen nach Glückseligkeit auf die Erde kommen. Und so sucht unser Ego dann ein Leben lang dieses Glück in der Aussenwelt und verliert sich in Verstrickungen, bis wir vielleicht eines Tages entdecken, dass das Glück **in uns selbst** und nicht in der Aussenwelt zu finden ist. Und so geschieht dann ein Aufbruch zu unserem eigenen Selbst, wir machen uns durch innere Arbeit auf zu unserer Seelenentfaltung. Jeder Mensch hat diese Möglichkeit, seinen eigenen Weg der Seelenentfaltung zu gehen; da, wo er sich gerade befindet. Es ist nicht nötig, nach komplizierten spirituellen Lehren zu suchen. Und wenn diese Absicht stark in uns verankert ist, wird uns auf unserem Weg die Hilfe begegnen, die wir brauchen. Eine Hilfe, die sich auf mannigfache Art manifestieren kann, so dass es gilt, achtsam zu sein für die täglichen Geschehnisse und Begegnungen.

Die geistigen Werte leben und sich nach dem Höchsten richten, das ich erkennen kann, das bedeutet für mich gelebte Spiritualität.

Spiritualität bedeutet im weitesten Sinne eine Form von Geistigkeit als Gegensatz zum rein materiellen Denken. Immer geht es darum, deinen physischen, emotionalen, mentalen und spirituellen Körper in Einklang mit der Seele zu bringen. Es gibt zahlreiche Methoden und Wege, dies zu erreichen, sei es mittels Lehrer und Heiler, sowie verschiedener Heilmethoden, sei es mit Hilfe von Büchern, Seminaren, Workshops, Trainings, Ausbildungen, Therapien oder der Praxis von philosophischen oder religiösen Richtungen. Das Wichtigste ist jedoch in jedem Fall, die Spiritualität im täglichen Leben, im Hier und Jetzt, zu leben.

Ich hatte das Privileg, nach meiner vorzeitigen Pensionierung mich jahrelang diesem persönlichen Entwicklungsprozess hinzugeben und so nahm die Gestaltung meines Lebens eine völlig neue Richtung; tiefer, freudiger, vertrauensvoller, liebevoller und erfüllter. Früher hatte ich gesagt, nach meiner Pensionierung werde ich zuallererst eine Weltreise unternehmen. Doch bis heute habe ich dieses Vorhaben nicht umgesetzt und habe weder das Bedürfnis, noch die Absicht, es zu tun. Vielmehr war seither mein grosses Anliegen, eine **„Reise nach innen"** anzutreten, ein Selbstprozess der persönlichen Meisterschaft. Und ich bin unendlich dankbar, diesen Weg gefunden zu haben. Dazu kommt, dass ein Leben ohne die Verbindung mit der Geistigen Welt, mit deren Liebe, Unterstützung und Heilung heute für mich undenkbar wäre. Auf meinem Weg sind mir verschiedene Lehrer und Heiler begegnet, die mir neue Tore öffneten und mich unterstützten, oder mir einen Spiegel vorhielten und allen bin ich unendlich dankbar. Eine ganz besondere Dankbarkeit empfinde ich gegenüber meiner Freundin Claudia, die mir neue Wege aufzeigte und mich auf meinem Weg immer wieder unterstützte. Ihr, inzwischen ein erfahrenes Medium und eine ausgezeichnete spirituelle Lehrerin und Wegbegleiterin bin ich noch stets tief verbunden.

Die persönliche Entwicklung geht aber keineswegs so schnell und reibungslos, sondern ist ein jahrelanger, vielleicht jahrzehntelanger dauernder Prozess mit vielen kleinen Schritten nach vorne, mit Stolpern und Treten an Ort, bis wir nach und nach mehr Vertrauen gewinnen und uns sicherer fühlen. Unterwegs müssen wir aufräumen mit alten Mustern und Blockaden, müssen das Alte loslassen, damit es uns gelingt, das Neue zu finden und es zu umzusetzen.

In den ersten Jahren nach meiner Pensionierung war ich voller Ungeduld und begierig, auf meinem Weg Fortschritte zu erzielen, weil ich befürchtete, in diesem Leben nicht mehr genug Zeit zu haben, um „mein Ziel" zu erreichen. Doch ich musste erkennen, dass auf dem spirituellen Weg gar nichts erzwungen werden kann und es unendlich viel Geduld und immer wieder mutiges Voranschreiten braucht.

Und was wir in diesem Leben nicht erreichen, können wir im nächsten tun (wenn wir denn an ein solches glauben) und in der Ewigkeit spielt es vielleicht auch keine Rolle, wann wir Erleuchtung erlangen.

Zwar hatte ich dank der zahlreichen wertvollen Erfahrungen im Laufe der Zeit wiederholt das Gefühl, jetzt alles begriffen zu haben, wie ich es machen müsse und glaubte, die gleichen Fehler würden sich bestimmt nicht mehr einschleichen, bis ich das nächste Mal stolperte … Doch so kommen wir Schritt für Schritt stetig vorwärts. Wichtig ist, immer dranzubleiben und stets werden wir an Erfahrungen reicher.

Auf diesem Weg des Aufbruchs sind wir oft frustriert, entmutigt, kämpfen gegen unsere Angst und die Trägheit, stürzen ab und irren uns, wissen manchmal nicht mehr wie weiter, bekommen aber immer wieder irgendwoher die nötige Hilfe, um aufzustehen und weiterzugehen. Dank der höher werden Schwingungen in uns folgen wir mehr und mehr unserem Herzen, das Materielle weicht dem Geistigen. Eine neue Kreativität ersetzt unsere alten Gewohnheiten und alles wird viel leichter.

Unterwegs erkennen wir, dass wir nicht unsere Gedanken oder Gefühle **sind,** sondern dass wir sie **haben.** Wir erkennen auch, dass wir nicht unser Körper sind, sondern eine unsterbliche Seele, die hier auf Erden in einem Körper wohnt und Erfahrungen in der Dualität sammelt. Wir lernen, uns selbst zu erkennen, arbeiten an unseren Schattenseiten, wir entfalten ein besseres Selbstwertgefühl, fördern unsere Intuition und entwickeln Hellsichtigkeit. Idealerweise lassen wir uns mehr und mehr von unserem Höheren Selbst leiten und öffnen uns für das Licht in feinstofflichen Welten. Dadurch können wir die Geistige Welt besser kennen, können uns mit ihr verbinden und gewinnen so mit der Zeit zusätzliches Vertrauen und erfahren ihre bedingungslose Liebe und Hingabe.

Allmählich hat die Suche unser Bewusstsein geschärft und wir stellen fest, **dass es unsere Bewusstheit ist, die entscheidet, wie es uns geht.** Je höher der Grad der erreichten Bewusstheit, desto leichter, freier und freudiger kann unser Leben werden, wenn wir uns öffnen für das Licht, das wir in uns tragen und versuchen, mit allem in Harmonie, Liebe, Weisheit und Frieden zu leben. Und so gehen wir Schritt für Schritt die Stufen der persönlichen Selbstentfaltung bis zur Meisterschaft unseres Lebens.

Möge dieses Büchlein dir nützliche Impulse geben und dich wissen lassen, dass du auf deinem Weg nicht allein bist, auch wenn die Menschen deines gegenwärtigen persönlichen Umfeldes vielleicht wenig Verständnis für deinen Weg zeigen. Je weiter du auf dem spirituellen Weg schreitest, desto stärker erkennst du, dass du mit allem verbunden bist und dass du dich auch im Kreis der unzähligen Lichtarbeiter um dich herum geborgen und gestärkt fühlen darfst. Und wisse vor allem, dass du jederzeit um Hilfe und Unterstützung aus der Geistigen Welt bitten kannst.

Gehe den Weg des Herzens und alles wird gut werden.

2. Spiritualität, Bewusstheit

Seit meiner Pensionierung hatte ich Zeit, nachzudenken und in mich zu gehen. Und ich brauchte ein paar Jahre dazu, bis ich durch die Beobachtung meiner Gedanken, Gefühle und Verhaltensweisen die Zusammenhänge mit all dem erkannte, was sich in meinem Leben manifestierte.

Wir selbst sind der Schöpfer unseres Lebens!

Ich kann verstehen, dass es für die meisten Menschen nicht einfach ist, zu der Erkenntnis zu gelangen, dass wir die Ursachen für die Ereignisse in unserem Leben selber setzen. Auch ich habe lange Zeit meines Lebens die Eltern, die Lehrer, die Chefs und die ganze Gesellschaft verantwortlich gemacht für vieles, was mir in meinem Leben widerfahren ist.

Während meines Berufslebens dachte ich z.B. manchmal, mein Arbeitgeber könne einfach so über mich bestimmen und mich in jenes Land, in jene Stadt transferieren, für welche er sich entschied. Aber ich wusste genau, dass ich mit der Annahme der Anstellung mich dieser Bedingung (der sog. „Versetzungsdisziplin") unterstellt hatte und nur hoffen konnte, dass meine Wünsche berücksichtigt würden. Dies war dann manchmal der Fall und manchmal auch nicht. Es ist eine Frage der Konsequenz, dies zu akzeptieren oder sonst auszusteigen.

Viele Menschen beneiden mich um mein interessantes, abenteuerliches Leben, um die Reisen in ferne Länder usw. Und ich selber bin wirklich sehr glücklich und dankbar, dass mir dies geschenkt wurde. Dabei vergessen sie aber, dass ich dafür keine Familie, keine Kinder habe, dass ich bei jeder Versetzung immer wieder neu anfangen, alles lernen und erfahren und neue Freundschaften knüpfen musste. Und dass diese Freundschaften nach dem Wegzug in ein anderes Land nicht bestehen bleiben, wenn man sie nicht pflegt, was mit der grossen Distanz oft schwierig ist.

Letztlich ist jede Wahl, die wir im Leben treffen, ein Kompromiss, denn immer gilt es, Zugeständnisse zwischen den Beteiligten zu machen. Wichtig ist für das persönliche Glück, dass zu jeder Zeit die Liste der positiven gegebenen Bedingungen gegenüber den negativen überwiegt.

So bin ich allmählich von der früheren vermeintlichen Zwangssituation, die ich während meines Berufslebens manchmal gespürt hatte, hinweggekommen und zum bewussten Kreieren meiner Realität gelangt. Zur Erkenntnis der Tatsache, dass ich selbst der Schöpfer meines Lebens bin! Und somit realisierte ich die Verbesserung meiner Lebensumstände und erlangte schliesslich eine wesentlich bessere Gesundheit.

Auch **DU** hast das Potential dazu, dein Leben zum Positiven zu wenden!
Denn auch du hast immer die Wahl!
Möchtest du dein Leben verändern?
Dann fange damit an, deine Gedanken und Gefühle zu ändern!

Ja, aber, wie macht man das? Fragst du dich jetzt vielleicht.

Indem du eine klare Entscheidung triffst!
Manchmal gibt es doch so Situationen, wo wir uns sagen: genug ist genug!
Genau dann tust du es! Wichtig ist, dass du es wirklich willst!
Nur so zu denken, „ich muss halt positiv denken" bringt dich nicht sehr weit, wenn die Überzeugung und Kraft zur Veränderung fehlen.

Sage dir einfach: **ich entscheide mich dazu, ab sofort meine Gedanken und Gefühle zu beobachten. Ich weiss, dass ich das kann.**
Ich erkenne die Zusammenhänge zwischen meinen Gedanken und dem, was sich in meiner äusseren Welt ereignet.

Du bist weder dein Körper noch deine Gedanken oder deine Gefühle, sondern eine Seele, also ein geistiges Wesen, welches einen Körper bewohnt. Und darum ist es möglich, alles aus einer höheren Perspektive zu betrachten, also auch deine Gedanken und Gefühle. Wenn du dich dabei ertappst, negativ zu denken, schicke einfach jedes Mal positive Gedanken hinterher, d.h. solche, die das beinhalten, was du wirklich willst.
Wenn du z.B. feststellst, dass du andauernd über Geldmangel nachdenkst, ersetze diese Gedanken durch Sätze wie:
„ich bin von Tag zu Tag reicher und wohlhabender".
„Ich verdiene es, meine Talente zu leben und genug Geld zu besitzen".

Oder jene, denen dauernd „die Zeit davonläuft", können sich sagen:
„ich habe jede Menge Zeit!" Man kann nämlich alles umdrehen!

Mir persönlich hat der Satz sehr geholfen:
„**Es könnte auch alles ganz anders ein!**"

Meine Freundin Claudia sagte mir schon vor vielen Jahren einmal, ich müsse alle meine vorgefassten Meinungen loslassen. Ich war damals fast etwas beleidigt. Aha, sie denkt also, ich sei auf dem Holzweg … Aber seither habe ich längst erkannt, dass dies einer der besten Ratschläge ist, den sie mir je gegeben hat! Wenn wir in unseren festgefahrenen Ansichten verharren, schränken wir uns selbst in unserer Weiterentwicklung ein und können uns nicht entfalten. Früher oder später müssen wir einsehen, dass jede Überzeugung bloss eine Betrachtungsweise ist, die mit fortschreitendem Wissen und grösserer Weisheit möglicherweise revidiert werden muss. Bis wir vielleicht eines Tages Zugang zur Akasha-Chronik erhalten, zum universalen Speicher oder allumfassenden Weltgedächtnis.

Die Macht der Gedanken

Dies ist der Titel eines der ersten Vorträge, die ich vor zehn Jahren zu halten begann und er behält bis heute seine volle Gültigkeit. Dies mit dem Unterschied, dass das Bewusstsein vieler Menschen sich inzwischen wesentlich erhöht hat und ein grosser Teil der Menschen eigentlich um diese Tatsache weiss, aber die Lehre daraus noch nicht umsetzen kann.

Durch unsere Gedanken, Gefühle und Vorstellungen gestalten wir unsere Realität. Es sind unsere **Glaubenssätze** und **Überzeugungen**, die unsere Lebensenergie in eine bestimmte Richtung lenken und dadurch mitverursachen, ob wir krank oder gesund, arm oder reich, unglücklich oder glücklich, ungeliebt oder geliebt sind. Was wir gewohnt sind zu wissen, ist häufig nur ein Spiel des Geistes, denn wir betrachten das, was ist, durch eine gefärbte Brille. Und je nachdem ob diese Brille hell oder dunkel ist, erscheint uns dann unsere Wirklichkeit.

Das bedeutet nichts weniger, als dass wir uns unsere Realität selbst erschaffen!

Die meisten Menschen haben in ihrer Erziehung nur die Fähigkeit des logischen Denkens gefördert, zu denken und nicht zu fühlen. Deshalb sind oft die intuitiven Fähigkeiten verkümmert und so haben diese Menschen wenig Vertrauen in ihre eigene Führung. Wir können uns aber in jedem Augenblick dazu entscheiden, ab sofort die eigenen Gedanken und Gefühle zu beobachten und düstere, negative Gedanken durch konstruktive und freudige zu ersetzen. Denn unser Denken untersteht unserem Willen und es liegt in unserer Verantwortung, mit welchen Gedanken wir uns beschäftigen, welche Art von Informationen wir uns zuführen und damit dem Unterbewusstsein zukommen lassen.

Wenn wir unserem „Computer" eine qualitativ hochstehende Software geben, werden wir den Anforderungen des Lebens besser gewachsen sein, als wenn wir alles ungefiltert aufnehmen, was aus der Flut an Informationen aus der Aussenwelt auf uns einströmt. Den negativen Programmierungen können wir ganz bewusst aus dem Wege gehen!

Unsere Realität ist grösstenteils aus unseren Denkprozessen entstanden und hängt von unserer Wahrnehmung ab.

Demnach werden wir, was wir denken!
Und weil es uns jederzeit möglich ist, unsere Gedanken zu verändern, können wir damit unmittelbar auch die von uns erlebte Wirklichkeit verändern! So einfach ist das! Wir brauchen uns somit keineswegs als Opfer unserer Lebensumstände zu fühlen. Sobald wir unsere Gedanken und damit unsere Einstellung zum Leben verändern, können Wunder geschehen, indem wir uns eine neue Realität erschaffen!

Es könnte auch alles ganz anders ein!
Das gibt Hoffnung! Das öffnet viele Pforten!

Die Fähigkeit, unsere Lebensumstände zu beeinflussen hängt also zum Grossteil davon ab, wie wir die Dinge sehen und welche innere Einstellung wir ihnen gegenüber haben.

Affirmationen

Bereits vor 25 Jahren hatte ich begonnen, Affirmationen nach der Methode des französischen Apothekers Emil Coué anzuwenden, mit welcher durch die Kraft der Selbstbeeinflussung ein klarer, innerer Entscheid hin zu einem gesetzten Ziel gefordert wird. Später, mit meinen spirituellen Ausbildungen konnte ich die positiven Leitsätze durch Erfahrungen mit den feinstofflichen Sphären verankern und entdeckte dank erhöhter Bewusstheit nach und nach die Wunder, mit denen ich beschenkt werde.

Mit welchen Gedanken und Leitsätzen (Affirmationen) können wir beginnen, unsere alten, negativen Programmierungen zu löschen und uns etwas Neues in unserem Leben zu erschaffen?

Beispiele:
- Ich bin wertvoll
- Ich liebe mich
- Ich verdiene Gutes
- Ich gestatte mir Selbsterfüllung
- Alles, was ich wissen muss, wird mir jederzeit enthüllt
- Das Leben ist eine Freude und voller Liebe
- Ich bin gesund und voller Energie
- Ich bin bereit, zu wachsen und mich zu verändern
- Alles ist gut in meiner Welt

Wenn wir diese Affirmationen häufig wiederholen, dann wendet sich unsere Realität schnell zum Besseren. Wichtig ist dabei, dass wir das Gesagte auch **fühlen** und uns **bildlich vorstellen**! Natürlich können wir die Affirmationen ganz spezifisch unseren Bedürfnissen und unserer jeweiligen Situation anpassen, was sie noch wirksamer macht.

Das funktioniert allerdings erst dann richtig, wenn wir die Affirmation als Wahrheit empfinden, also wenn nicht tief in unserem Unterbewusstsein noch Glaubenssätze verankert sind, die unseren Affirmationen entgegengesetzt sind.

Wesentlich zum Gelingen sind hier **eine klare Absicht**, ein gesundes Vertrauen in den Schöpfer, das Universum und uns selbst und somit eine gute Zuversicht. Dank meinen langjährigen spirituellen und medialen Ausbildungen und Fortbildungskursen habe ich mehr und mehr die Verbindung mit der **Geistigen Welt** kennen und schätzen gelernt und so veränderten sich auch meine Gedanken und Gefühle. Die Geistige Welt hat mir seither eine völlig neue, grossartige Freude und gestärktes Vertrauen gebracht, dank denen mein Leben eine ganz andere Qualität gewonnen hat. Die geistige und meditative Anbindung an die Quelle, an das Universum, an das Göttliche haben mir körperliches und seelisches Wohlergehen gebracht. Ich kann ohne Zögern sagen, dass ich heute nicht weiss, wie ich die Herausforderungen des Lebens ohne die liebevolle Führung, Unterstützung und Heilung durch die Geistige Welt bewältigen könnte. Die Verbindung mit Geistführern, Geisthelfern und Engeln ist unersetzbarer Bestandteil meines Lebens geworden, dank welchen ich in höherer Schwingung sein kann und ein kreatives, kosmisches Leben führe. Und zu wissen, dass das Göttliche in jedem Stein, jeder Pflanze, jedem Lebewesen vorhanden ist, lässt mich die Verbindung spüren mit allem was ist.

Was ist Bewusstheit?

Bewusstheit oder Bewusstsein ist der wachbewusste Zustand des Menschen. Wer bewusst ist, verfügt über eine bewusste Klarheit über Zusammenhänge, Erkenntnisse und Hintergründe und lebt diese auch. Ein solcher Mensch erkennt mit allen Sinnen sich und seine Umgebung, er ist „belebt" und „beseelt".

Den „Affengeist stilllegen"

Bewusstheit ist kein Teil des Geistes. Der Geist ist nur ein Instrument, ein Hilfsmittel, das wir aber häufig nicht optimal nutzen. Wenn wir nur dem Denken verhaftet sind, hält uns dies in einer Art Betäubung und schränkt uns drastisch ein in einer multidimensionalen Welt der unbegrenzten Möglichkeiten. Wollen wir das wirklich?

Selber habe ich immer wieder erlebt, wie schwierig es ist, sich von meinem ständigen Denken, vom „Affengeist" zu befreien. Der Geist und die Gehirnzellen hören nicht auf zu arbeiten, wenn du sie als blosse Hilfsmittel erkannt hast. Im Gegenteil, sie werden noch lebendiger, du kannst sie präziser nutzen, ohne dass sie dir etwas aufzwingen. Eine langwährende spirituelle Praxis ist notwendig, um diesen Zustand der Klarheit und des Lichtes zu erreichen.

Wie kannst du das machen? Z.B. in der Natur oder mit der Meditation. Beim Meditieren geht es vor allem darum, eben diese reine Bewusstheit zu erlangen. Allmählich wirst es dir gelingen, dich von deinen Gedanken zu distanzieren und zu beobachten. Deshalb ist Meditation so wichtig! Es kann keine spirituelle Praxis geben ohne sehr viel Hingabe und innere Verpflichtung. Wenn wir ein Gefühl für die Spiritualität entwickelt haben, können wir auch verstehen, dass wir bei uns anfangen müssen und dass es gilt, das anzuschauen, was sich direkt vor unserer Nase befindet. Die Meditation bringt eine grosse Anzahl positiver Wirkungen. Zuerst beruhigt sie natürlich den Geist, dann bringt sie uns innere und äussere Harmonie, lässt uns Muster und Blockaden erkennen, sie gibt verborgenes Wissen frei und sie bringt uns in Verbindung mit unserem Höheres Selbst und der Geistigen Welt.

Wenn wir den Weg des Herzens gehen, gewinnen wir Raum für unsere Kreativität und unsere persönlichen Begabungen. Dieses Erwachen und damit die grundlegende Veränderung von unserer Identität, bringen uns die Bewusstheit und damit eine neue Weltsicht mit völlig neuer Freiheit. Mit spirituellem Wachstum lernen wir, allen Schwierigkeiten zum Trotz ausgeglichen zu bleiben, in Achtsamkeit, Liebe und Harmonie zu leben und Licht in die Welt zu bringen.

Ich möchte eigentlich vor allem zu einem achtsamen, lichtvollen Wesen heranwachsen, das in Liebe und Freude lebt und bloss durch seine Gegenwart den Menschen Trost und Freude bringt, was immer sie brauchen. Nicht zu viel reden und sich zurücknehmen! Ach, wie schwierig ist das doch! Doch das Wort ist anderseits auch eine meiner Stärken und ich hoffe, dass – wenn ich es denn achtsam wähle – es auf viele Menschen positiv einwirken kann.

Intuition oder die innere Stimme

Seit dem frühen Kindesalter wurden wir dazu erzogen, Entscheidungen mit unserem Verstand zu treffen. Der Verstand ist zwar nützlich, aber er hat seine Grenzen und wir verfügen alle über eine noch viel wichtigere Qualität, nämlich die Intuition, unseren sechsten Sinn!

Unsere Intuition ist uns seit der Geburt mitgegeben, ein treuer Begleiter durch den Dschungel des Lebens. Jeder Mensch ist mit der Qualität der Intuition ausgerüstet, bloss ist sie im Laufe des Lebens durch den Einfluss von aussen etwas verkümmert. Wir werden alle dermassen gedrillt, verstandesmässig zu funktionieren, dass die Intuition mit der

Zeit meistens verkümmert ist und wir ihr kaum Glauben schenken.

Ich habe seit jeher im Leben meiner Intuition vertraut und meine Entscheidungen danach gerichtet, zumal ich schon früh auf mich allein gestellt war. Dabei nahm ich automatisch an, dass alle Menschen so funktionieren.

Je länger und je stärker ich meinem inneren Gefühl vertraute, desto stärker wurde es, bis ich dann nach der Pensionierung die Intuition in spezifischen Kursen förderte und daraus die Sensitivität entstand, die sich für mich in Hellfühlen, Hellsehen, Hellhören und Hellwissen äussert. Interessant ist dabei gerade die Tatsache, dass mein grobstoffliches Gehör in den letzten Jahren vermindert ist, ich aber häufig innere Botschaften höre.

Denke, fühle und handle bewusst!

Der Abstand, den du als Beobachter gewinnst, lässt dich die Wahrheit erkennen. Höre auf deine innere Stimme! Wir suchen häufig unnötigerweise Rat von aussen, obwohl bereits Alles in uns vorhanden ist.

Die innere Stimme spricht nicht mit Worten, sondern in der wortlosen Sprache des Herzens, die in der Stille entsteht. Die innere Stimme hilft uns, gute Entscheidungen zu fällen und ist der beste Wegweiser für ein glückliches Leben. Schenke deiner inneren Stimme Gehör: sie weiss, was gut für dich ist, auch wenn es der Verstand noch nicht weiss. Dies ermöglicht dir auch, deinen eigenen Weg zu gehen und verleiht dir ein starkes Vertrauen, Selbstbewusstsein und eine tiefe Zufriedenheit. Der Verstand kann nicht einmal 5 % von allem, was ist erfassen. Wie sollte er also die Situation beurteilen, die Fragen beantworten können?

Im Französischen gibt es einen schönen Satz, der heisst:" Le coeur a des raisons que la raison n'a pas!" was bedeutet: das Herz hat Gründe, die der Verstand nicht hat.

Unterscheide zwischen der wortlosen Sprache des Herzens, die Dir als Inspiration oder Führung zuteilwird und deinen Gedanken, die zuweilen wie eine Elektrospule ablaufen. Je stiller du bist, desto mehr kannst du hören. Häufig ist die intuitive Idee die erste, die in dir auftaucht. Und erst nachher beginnt eine Re-aktion, jene des Verstandes, der dann z.B. sagt „ja, aber ...". Vielleicht ist es dir auch schon passiert, dass du dann dem Verstand gefolgt bist, nur um schliesslich zu erkennen, dass die erste Idee, jene der Intuition, die richtige gewesen wäre. Es gilt, zu vertrauen und immer wieder zu üben und so wirst du immer sicherer.

Wenn Du verzweifelt bist und nicht vorankommst, ist es wichtig, auszuharren und dran zu bleiben, denn plötzlich geht irgendwo eine Türe auf!

Wir wollen auch immer alles verstehen. Aber der Verstand kann nur einen winzigen Teil von allem, was im Universum ist erfassen und so ist er unmöglich in der Lage, zu verstehen. Einmal, nachdem ich am frühen Morgen einen beschaulichen Waldrundgang machte, kamen plötzlich die Worte aus meinem Munde: „Du willst immer alles verstehen. Aber du brauchst es gar nicht zu verstehen. Lass es einfach so gut sein wie es ist. Liebe einfach und geniesse alles, was

Dir begegnet!" Mit diesem Leitmotiv hatte ich einen zauberhaften Tag!

Höre auf deine innere Stimme, spüre in deinen Körper hinein und frage ihn, was er braucht! Wenn Du im Einklang bist mit allem was du bist, lebst du echt und kannst alle Herausforderungen im Leben überwinden!

Suche also die Stille und die Mitte in dir selbst.
  Es ist wichtig, deine innere Stimme täglich zu trainieren, damit du sicher bist und weil du damit eine unerschöpfliche Quelle der Kraft gewinnst! Und wenn Du dann sicher bist, dann lasse Dich von nichts und niemandem von Deinem inneren Gefühl abbringen! Eine langwährende stabile Meditationspraxis unterstützt deine innere Stimme. Menschen, die regelmässig meditieren, haben auch oft Begegnungen mit einem Engel oder andern Geistwesen, erhalten wertvolle Botschaften und erfahren dabei ein Gefühl der bedingungslosen Liebe und von segensreicher Macht.

Und es geht darum, dass jeder diese Liebe in sich erschafft, dass jeder sich so annimmt wie er ist, was seine eigene Schwingung, wie auch jene der andern Menschen erhöhen wird.

Die Quelle finden

Die Quelle kannst du also nicht durch Denken oder Planen anzapfen, sondern wenn du ruhig, ausgeglichen und still in deiner Mitte ruhst. Die Quelle des Lichts ist in dir, nicht in der äusseren Welt. Sie ist dein innerstes Wesen. Du bist strahlendes Licht: dein eigenes Licht, ein Funken Gottes.

Den Widerstand aufgeben

Ich habe im Laufe der Zeit erfahren, dass für mich Schwierigkeiten immer dann auftauchen, wenn ich in einer „sollte sein"-Situation bin, also, wenn ich etwas anderes möchte als das, was gerade ist.

Leiden entsteht durch Widerstand. Wenn wir hingegen bereit sind das, was ist, zu akzeptieren, wird das Leiden und oft sogar der Schmerz schwinden.

Die Kunst, das Leben so anzunehmen wie es gerade ist und möglichst mit Freude das zu verrichten, was es zu tun gibt, ist der Schlüssel zu einem glücklichen Leben.

Mache dir alle fünf Minuten klar, dass Du alles hast, was du brauchst, um wahrhaft glücklich zu sein! Da du unbewusst alles übernimmst, was du eine Zeitlang trainiert hast, wirst du nach einiger Zeit Glücksgefühle bekommen, ohne dass du dafür etwas tun musst. Der Gedanke, den wir verinnerlichen wollen, müssen wir aber als Wahrheit empfinden, damit ihn das Unterbewusstsein aufnimmt.

Affirmation: Ich habe alles, was ich brauche, um wahrhaft glücklich zu sein!

Als ich einmal in einem 5tägigen Meditations- und Schweige-Retreat war, machte ich nach den zwei ersten, etwas schwierigen Tagen eine wertvolle Erkenntnis: nachdem ich den Widerstand aufgegeben hatte gegen das lange Warten, das endlose anstrengende Pensum und was sonst noch meine Nerven beansprucht hatte, ging mir alles ganz leicht und ich fühlte mich besser und besser.

Wenn wir den Widerstand gegen alles Mögliche aufgeben, das uns stört und scheinbar an unseren Nerven zerrt, dann geht es uns plötzlich blendend. Wir haben die „sollte sein-Situationen" aufgegeben, die uns nur unglücklich machen kann und haben unsere Quelle gefunden!

Nach dem zweiten Tag Meditation und Schweigen kam ich meinem höheren Selbst immer näher; ich spürte mein Herz und eine unsagbare Liebe für alles und jeden; und Probleme waren keine mehr da.

Ich habe durch das tagelange Schweigen auch erfahren, dass dies mir eine riesige Menge Energie gab und ich erkannte, was für einen Leerlauf wir normalerweise ständig quatschen.

Im Alltag lassen wir uns von allem Möglichen ablenken, weil wir Ablenkung suchen, anstatt uns auf das Wesentliche zu konzentrieren. Ablenkung und Verzettelei durch alle möglichen simultanen Tätigkeiten waren und sind für mich immer wieder Krafträuber und ein Hemmschuh eines raschen Fortschritts. Wenn ich mich dagegen nicht ablenken lasse, sind die Dinge sehr schnell erledigt und das Besorgen vermeintlich langweiliger Arbeiten kann sogar Spass machen.

Unkonzentriertheit und Zerstreutheit sind zwei weitere Eigenschaften, die uns aus der Mitte bringen und ein Hindernis für klares Handeln sind.

Zuhören ist die Geheimformel, empfänglich sein für Intuition, Inspiration und Mitgefühl. Auch ich kann noch nicht immer gut zuhören und muss mich ab und zu ganz bewusst darauf einstellen.

Erwartungen

Widerstand oder Enttäuschung entstehen oft auch durch nicht erfüllte Erwartungen, die wir an Dritte hegen. Häufig ist eine unzureichende Kommunikation die Ursache dafür. Gab es eine vorherige Übereinkunft? Oder halten wir einfach für selbstverständlich, was wir glauben und sind dann enttäuscht, wenn der andere sich nicht so verhält? Wir können lernen, andern zu sagen, was wir haben möchten.

Wut und Zorn

Auch diese Emotionen zu leben, ist wichtig, denn ihre dauerhafte Unterdrückung, nimmt uns alle Lebendigkeit von uns, verursacht Blockaden und Steifheit und macht uns schliesslich krank. Wie Wut oder Zorn ausleben, ohne anderen Menschen zu schaden? Du kannst z.B. in den Wald gehen und deine Wut oder den Zorn hinausschreien. Oder du kannst auf ein Kissen losdreschen oder vielleicht gehst du einfach joggen und plötzlich ist die Wut weg. Und dann bist du vielleicht in der Lage, mit den Verursachern deiner Emotionen gewaltfrei und besonnen zu kommunizieren.

Licht und Schatten

Ohne Finsternis kein Licht
 Schon meine Weisheitslehrerin Elisabeth hatte mir vor vielen Jahren gesagt, dass ich Licht und Schatten als Teil unserer dualen Welt akzeptieren müsse, als ich von George W. Bush und Saddam Hussein und ihren Machenschaften sprach und

diese schlimm fand. Wir lebten hier in der Dualität und es brauche die eben auch, nur dass sie die andere, die dunkle Seite lebten. Wenn du das verstehst, haftest du nicht am Guten und bist losgelöst vom Bösen. Du akzeptierst beides als Teil des Lebens. Nur dann kannst du transformieren, sagte sie.

Die dunkle Seite unseres Lebens ist ein Teil von uns. Doch wir lehnen sie meistens ab und versuchen, sie zu verdrängen und vielmehr auf Andere zu projizieren. Wir könnten stattdessen versuchen, uns mit dieser Dunkelheit zu versöhnen und sie zu integrieren, so dass wir ganz werden und das in uns angelegte Kraftpotential frei entfalten können.

Letztes Jahr habe ich als Teil der „Grossen Heldenreise" an einem Workshop „Schatten" teilgenommen. Mit Schatten sind jene Persönlichkeitsanteile gemeint, die nicht zu unseren Idealvorstellungen passen, die wir ablehnen, verdrängen oder auf andere projizieren. In diesem Workshop hatten man Gelegenheit, seinem eigenen Schatten auf lustvolle und kreative Art zu begegnen. Dadurch konnten Projektionen erkannt und zurückgenommen und Schattenanteile verwandelt und als konstruktive Elemente integriert werden. Dieser Prozess wirkte auch nach dem Workshop weiter und hilft mir, mich besser zu erkennen, anzunehmen und mich selbst zu sein. (www.heldenreise.de). Ich bin den zwei Freundinnen, mit welchen ich die lange Strecke zum Kursort in Deutschland im Auto mitfahren durfte, sehr dankbar für diese einmalige Gelegenheit.

Was Träume uns sagen wollen

Träume sind Fenster zur Seele. Sie möchten uns unterstützen und uns fördern, doch sie sprechen häufig ihre eigene Sprache, nämlich jene der Symbole. Wenn wir lernen diese zu entschlüsseln, erhalten wir durch den Traum eine wertvolle Hilfe und Rat in vielen Lebenslagen.

Träume können uns helfen, unsere Probleme individuell zu lösen; sie lassen uns aber auch Chancen und neue Möglichkeiten erkennen und verleihen uns die inneren Kräfte zu einem Wandel.

Ich teile die Träume ein in solche, die dazu dienen, unsere Alltagsprobleme zu verarbeiten und solche, welche uns Botschaften bringen, die neue Perspektiven zeigen. Letztere sind seltener, aber so wichtig, dass wir uns meistens an sie erinnern.

Träume sind jeweils unmittelbar nach dem Aufwachen noch präsent und können, mit noch geschlossenen Augen und möglichst in derselben Stellung, wie wir im Bett lagen, rekonstruiert werden. Es empfiehlt sich, sogleich Notizen zu machen über deren Inhalt, ohne zu interpretieren.

Vielleicht erkennen wir darin unsere festgefahrene Verhaltensweise und sind in der Lage, dies zu ändern. Es kann aber auch sein, dass so eine Traumbotschaft eine unglaublich erhebende, stimulierende, ermutigende Wirkung auf uns hat und uns damit einen kräftigen Anstoss zu neuen Errungenschaften schenkt und unser Leben in ein neues strahlendes Licht taucht.

Hilfreich ist es, ein Traumtagebuch zu führen und darin alle Träume aufzuschreiben. So ist auch ersichtlich, welche Art Träume sich wiederholen und uns damit aufzeigen, dass wir an diesem Thema arbeiten sollten. Ich habe während mehreren Jahren ein solches Tagebuch geführt und manchmal erst im Nachhinein, Wochen oder Monate später beim Nachlesen, verstanden, was mir der Traum wirklich sagen wollte. Aber dann hatte er seine Wirkung!

Da die Interpretation der Träume nicht immer leicht ist, kann es nützlich sein, entsprechende Lektüre als Hilfsmittel zu benützen. Wichtiger scheint mir aber, die Träume wertfrei entgegenzunehmen und die Symboldeutung individuell, intuitiv und spielerisch anzugehen.

Das Prinzip von Ursache und Wirkung

auch Karma, oder Kausalitätsgesetzt genannt, ist ein unumstössliches Naturgesetz. Was du säshst, erntest du.
    Es gibt keine unglücklichen Zufälle und auch kein Schicksal, dem man sich machtlos beugen muss. Wir haben immer die Wahl, doch müssen wir eben auch die Konsequenzen tragen. Wenn wir das Prinzip von Ursache und Wirkung nicht verstehen, fühlen wir uns oft als Spielball des Lebens und können leicht in eine Opferrolle geraten, wo wir bloss die Möglichkeiten von Kampf oder Flucht sehen.

Wir vergessen oder übersehen häufig, dass wir die Situation selber erschaffen haben, in der wir uns jetzt befinden und die uns nicht behagt. Wir haben also den heutigen Zustand auch uns selber zuzuschreiben. Wer z.B. glaubt, dass alle

Krankheiten von aussen kommen und man nichts dagegen machen kann, der übersieht die Ursachen und reagiert nur auf die Wirkung, so dass sich in seinem Leben nichts ändert. Und wenn man nur Symptombekämpfung macht, kann auch keine Heilung eintreten. Krankheiten mahnen uns, unser Denken und Handeln zu ändern. In Wirklichkeit können Krankheiten wertvolle Lernprozesse sein, wenn wir sie als solche erkennen und danach handeln.

Es gibt aber auch Krankheiten, die erblich bedingt sind oder karmische Hintergründe haben, möglicherweise sogar aus einem früheren Leben. Auch da gilt es, selber Ver-Ant-wort-ung zu übernehmen (wir antworten auf die Krankheit) durch entsprechendes Handeln, denn auch in diesen Fällen gibt es viele Wege, um Heilung oder wenigstens Linderung zu erfahren. Wichtig ist, dass wir keinen Zustand als unwiderruflich und hingegeben annehmen und resignieren.

Ich wollte in meinem Leben frei sein und die Welt entdecken, und diesen Traum habe ich mir erfüllt und in vollen Zügen genossen. Um im Ausland arbeiten zu können, habe ich dazu eine Karriere beim Aussendepartement gewählt. Diese war sehr abwechslungsreich und interessant und ich freute mich über verantwortungsvolle Posten, in welchen ich grossen Erfolg hatte. Aber, je anspruchsvoller die Position, desto grösser war der Stress und dadurch litt meine Gesundheit. Die Anspannung schlug sich in steifen Gelenken und Gliedern nieder und verursachte mir grosse Schmerzen. Doch einen Wechsel mochte ich nicht in Kauf nehmen und so war nach der Pensionierung meine Gesundheit stark beeinträchtigt. Jetzt war es mir nicht möglich, den ersehnten Sport zu treiben, für den ich nun endlich Zeit hatte. Ich wusste aber, dass ich dies alles selber so gewählt und mitverursacht hatte und somit in Kauf nehmen musste. Wir müssen konsequent sein: wir haben im Leben etwas Bestimmtes gewählt, das uns Freude macht. Aber damit kommen automatisch auch noch etliche andere Faktoren, die weniger angenehm sind, die aber mit dieser Wahl zusammenhängen und das gilt es zu akzeptieren.

Umso mehr freute ich mich nach der ersten Entspannung, die vorerst zwar alles schlimmer machte (die Schmerzen kommen in der Entspannung) dass aber mit zunehmender Arbeit an mir selber und meiner spirituellen Entwicklung eine wundersame Heilung in meinen Gelenken und Gliedern eintrat, weil ich alte Blockaden auflösen konnte. Im Kapitel Heilung ist dies detailliert beschrieben.

Vor einigen Jahren bin ich durch eine Teilnehmerin meiner Kurse auf den wertvollen Ratgeber „Die Botschaft deines Körpers" von Kurt Tepperwein gestossen, der mir seither wertvolle Dienste für mich und Andere leistet, indem er mögliche Ursachen von Krankheiten beschreibt. Angesichts der diversen körperlichen Beschwerden, denen ich in meinem Alter einer Pensionierten zuweilen leide (z.B. Nacken- und Schulterverspannungen, Arthrose in Knien und Schultern, Ischias, Krampfadern) frage ich mich immer wieder: Was will mir das sagen? Ich versuche so, mein Fehlverhalten zu erkennen und zu ändern.

Die Botschaften unseres Körpers helfen uns, **bewusst zu werden**, was die inneren Ursachen sind und was es zu ändern gibt. Die spezifischen Affirmationen im Buch zu den diversen Gesundheitsproblemen helfen bei der Aktivierung der Selbstheilungskräfte. Wie durch „Zufall" kommt es dabei immer wieder vor, dass uns diese Ursachen, die manchmal etwas in Vergessenheit geraten sind, wieder einmal in Erinnerung gerufen werden und wir die Möglichkeiten haben, entsprechend zu handeln.

Die Angst überwinden

Nicht weil die Dinge schwierig sind, wagen wir sie nicht, sondern weil wir sie nicht wagen, sind sie schwierig (Seneca)

Das Leben sollte ein grosses Abenteuer sein, eine wundervolle Gelegenheit, unseren Seelenplan zu leben und uns unsere Träume zu erfüllen. Doch überall auf der Welt haben die Menschen Angst. Angst, die Arbeit, den Partner oder das Haus zu verlieren, Angst vor der Zukunft, Angst vor dem Neuen und Unbekannten, Angst zu versagen oder auch nur Angst vor Spinnen oder der Dunkelheit.

Dabei trifft das, wovor Menschen Angst haben in den allermeisten Fällen nie ein! Aber manche lieben es, stets das Schlimmste zu befürchten, denn, so denken sie, seien sie dann nicht enttäuscht, wenn es nicht eintritt. Doch wie lebe ich besser: wenn ich stets das Beste erwarte oder wenn ich stets nur Schlimmes erwarte? Möchte ich mein Leben in Freude und Zuversicht leiten oder in Angst und Sorge?

Besonders verbreitet ist die **Existenzangst.** Dies ist angesichts der aktuellen Weltlage und der massiven Umwälzungen in der Arbeitswelt auch verständlich. Angst kann aber höchstens jenen nützen, die sie schüren, um Macht zu missbrauchen. Und auch sie müssen für ihr Handeln die

Verantwortung übernehmen. Die Menschen haben Angst, ihre Arbeitsstelle und ihr Einkommen zu verlieren und ihr Lebensstandard könnte zusammenbrechen. Durch die Befürchtung, eines Tages mit nichts dazustehen, befinden sie sich ständig in einem Karussell der Sorge und Angst. Doch mit diesen negativen Gedankenformen ziehen wir genau jene Energien an, die wir unbedingt verhindern möchten und gelangen so stets tiefer in den Strudel des Leidenswegs. Und je mehr wir diese Gedanken und Gefühle wiederholen, desto stärker wirken sich auf unsere persönliche Situation aus.

Wenn eine Stresssituation länger andauert und eine gewisse Entmutigung entsteht, schwächt dies unser Immunsystem, unser feinstofflicher Körper wird in Mitleidenschaft gezogen und schliesslich äussert sich in unserem grobstofflichen Körper ein Krankheitsbild.

Zu Recht fragt sich freilich im Zuge der Digitalisierung mancher einer, ob seine Arbeit einst noch gebraucht werde. Die Digitalisierung vernichtet Arbeitsplätze; sie schafft aber auch neue. Niemand weiss, was uns die Zukunft bringt. Der amerikanische Publizist Thomas Friedmann erklärt, dass die Menschen vor der Industrialisierung vor allem mit den Händen, seither vor allem mit dem Kopf arbeiteten. Doch da heute die Computer unseren Köpfen teils schon überlegen sind, brauche es in Zukunft Berufe, in denen man nicht mit dem Kopf arbeite, sondern mit dem Herzen!

Ist das nicht eine gute Nachricht? Notwendig sind Berufe, in denen Einfühlungsvermögen, Empathie, psychologische Fähigkeiten und zwischenmenschliche Beziehung gefragt sind, also z.B. in der Pflege oder in der Pädagogik. Uns vom

Herzen leiten zu lassen, ist auch für unser persönliches Leben der wichtigste Leitsatz.

Wir müssen uns bewusst sein, dass es auf dieser Erde keine permanente Sicherheit gibt. Das Leben ist immer lebensgefährlich! Und weil die Menschen das nicht akzeptieren wollen, versuchen sie sich mit allem Möglichen abzusichern. Die Schweizer gehören zu den meistversicherten Menschen der Welt. Darüber freuen sich vor allem die Versicherungsgesellschaften…

Viele gut betuchten Leute sind aber heutzutage dermassen ihrem Materialismus, ja ihrer Gier verhaftet, dass sie irgendeinmal tiefgreifende Erfahrungen, z.B. ein Burnout oder der Verlust eines Menschen erleben, welche diese Prioritäten erschüttern und sie entscheiden sich dann vielleicht dafür, mit weniger, dafür glücklich zu leben. Sie erkennen, dass materielle Werte letzten Endes unbedeutend sind und dass zu viel Besitz zur Belastung werden kann. Und aus der Krise entscheiden sie sich dann vielleicht, nicht mehr alle kostspieligen Trends mitmachen zu müssen, um „dazu zu gehören".
   Wem wollen wir dienen, dem Ego oder dem Selbst? Was nehmen wir mit, wenn wir einst diese Erde verlassen?

Angst ist immer auf die Zukunft gerichtet.
Im gegenwärtigen Augenblick existiert keine Angst! Um Angst zu produzieren, muss ich also die Gegenwart verlassen und mir Bilder von Bedrohung in der Zukunft erschaffen. Will ich das wirklich?
   Wenn wir in der Aussenwelt irgendetwas. z.B. einen Zustand, einen Gegenstand, eine Sache oder einen Menschen als bedrohlich einstufen, senden wir damit eine Energie der

Angst aus, welche damit diesem Ding eine ungeheure Macht verleiht. So geben wir mit Hilfe unserer Gedanken unsere eigene Macht ab und erschaffen uns eine eigene „Realität", die unseren Überzeugungen entspricht. Viele Menschen begeben sich so in ein Abhängigkeitsverhältnis, das vor allem durch ihre eigenen Gedanken entstanden ist. Manch einer sagt dann, er habe ja gewusst, dass es schief gehen würde…

Das, was in unserem Inneren vorherrscht, ziehen wir von aussen an! Und so materialisieren sich unsere Gedanken und Gefühle im Aussen.

Angst verpestet bloss unser Leben, denn sie verhindert keine Gefahr! Und einen grossen Teil der Angst können wir verhindern, indem wir unsere eigenen Gedanken überwachen, im Augenblick leben, uns **auf das Lichtvolle konzentrieren** und indem wir uns von den Massenmedien fernhalten, die grösstenteils nur Schreckensbotschaften verbreiten. Zieh die Angst mit der Wurzel heraus, indem du dich auf den **Mut** konzentrierst und **Vertrauen** aufbaust.

Achte immer wieder auf deine Gedanken und Gefühle!
   Wenn du deinen Blick auf das Schöne und Positive richtest, die Menschen so akzeptierst wie sie sind und keine Erwartungen hast, dann ist auch die Angst weg und verwandelt sich in Liebe.

Denn Angst ist verhinderte Liebe!

98 % unserer Probleme bestehen nur in unserem Geist! Ich war kürzlich in einem Vortrag von Lama Tulku Lobsang. Er sagte, dass es im Leben nur zwei Arten Probleme gibt:

entweder ein Problem, das wir ändern können, dann ist es kein Problem mehr, oder eines, das wir nicht ändern können; dann ist es auch keines, denn in diesem Fall ist es ebenso sinnlos, sich Sorgen zu machen. Sorgen führen zu einem Bewusstseinszustand der Hilfslosigkeit, der krank machen kann. Wenn wir uns dieser Tatsache bewusst sind, also **erkennen,** dass Angst und Sorge in keinem Fall etwas nützen, können wir uns augenblicklich dazu entscheiden, Gedanken und Gefühle des Vertrauens und des Glücks zu haben und schon tauchen neue Perspektiven und Lösungen vor uns auf.

Nach der Wahl von Donald Trump zum US-Präsidenten und der Weltlage seither mit Machtinhabern wie Asad, Putin, Erdogan usw. und deren Machenschaften erlitt ich während einigen Wochen einen unerklärlichen Hautausschlag. Ich begann, mich zu hinterfragen, was wohl verursachte, dass ich „am liebsten aus der Haut fahren möchte" und „was mich denn so juckte" und wurde fündig, da ich keine persönlichen Probleme finden konnte, die mich in diesen Zustand versetzten. Ich war mir bewusst, dass ich auf die Wahl Trumps tagelang ziemlich deprimiert reagiert hatte und Schlimmes ahnte für die Situation in der Welt, angesichts einiger andern bekannten machthungrigen, diktatorischen, egozentrischen und gewalttätigen Persönlichkeiten in den Schlüsselpositionen. Aber ich hatte die Wirkung meiner Gesinnung in mir selbst unterschätzt. Nun nahm ich sofort emotionelle und mentale Distanz zum Weltgeschehen und insbesondere zu Trump und zur Verfolgung in den Medien seiner täglichen Machenschaften und richtete mich auf das Lichtvolle; und siehe da, der Hautausschlag verschwand wieder.

Es ist also wichtig, dass wir uns mit unseren eigenen Gedanken auseinandersetzen und uns hinterfragen, welches Gefühl dahinter steckt.

Information und Desinformation

Die Informationen, die wir durch die Medien erwerben, bestimmen zu einem grossen Teil, wie es uns geht im Leben. Leider ist heutzutage die Medienflut übermächtig (sie übt Macht aus) und sie ist viel zu sehr auf Sensationen ausgerichtet, d.h. grösstenteils negativ. So kommt es dazu, dass wir schliesslich meinen, unsere Welt sei schlecht oder gar schlechter denn je, während dem es in Wirklichkeit den Menschen in der Welt noch nie so gut ging wie jetzt, und dies trotz allen Kriegen, Terror, Naturkatastrophen und Klimawandel. Ich kenne einen Journalisten, der sich einmal vorgenommen hat, ausschliesslich gute Nachrichten zu sammeln. Es interessierte sich niemand dafür, er hatte keinen Erfolg.

Achte vorsichtig darauf, wodurch oder durch wen du dich informierst. Jede In -formation formt dein Inneres! Halte dich fern von Sensationen, negativen und verdrehten Nachrichten und Verbreitungen aus der Aussenwelt, die Unruhe in dein Leben bringen und teils manipulieren. Höchst bedenklich ist es zudem, wenn Politiker in grossem Masse Zeitungen aufkaufen und so die Medien kontrollieren. Glaube also nicht alles, was auf Papier gedruckt steht, denn Papier ist bekanntlich geduldig…. Und im Internet achte gut darauf, wer hinter der Information steht und was er bezweckt. Handelt es sich um gesicherte Erkenntnisse oder einfach Behauptungen, Gerüchte? Je mehr deine Gedanken um Negativitäten kreisen, desto negativer wird dir dein Leben erscheinen, denn du wirst bekanntlich, was du denkst. Und lasse dich nicht in die Irre führen und manipulieren! Viel erfüllender ist es, dem Positiven Energie zu geben, indem du dich auf Schönes, Edles und Wahres konzentrierst, das dir Freude, Begeisterung und Inspiration bringt. Wenn du nach innen gehst und Verbindung mit deinem Höheren Selbst hast, gewinnt dein Leben eine völlig andere Qualität. Und du kannst dich jederzeit dazu entscheiden, glücklich zu sein.

Frage dich:
- Entspricht meine Überzeugung der höchsten göttlichen Weisheit?
- Welche Energie verstärke ich damit: die Liebe oder die Angst?
- Handle ich als Schöpfer oder als Opfer?
- Kann ich die Situation ändern? Wenn ja, wie?

Wenn ich eine Situation nicht verändern kann, ist es wichtig, dass ich meine innere Einstellung dazu ändere.

Ich kann zwar vielleicht die äussere Situation nicht ändern, aber sehr wohl meinen inneren Bezug dazu. Damit übernehme ich die Verantwortung für mich und so löst sich für mich das Problem von selbst auf. Seit vielen Jahren habe ich in meinem Leben immer wieder nach diesem Grundsatz gelebt, wenn es schwierig wurde und es hat mich immer wesentlich gestärkt.

Liebe in jedem Moment des Lebens das, was ist, anstatt ständig zu denken, wie es sein sollte. Wenn du dich mit deiner Situation, so wie sie gerade jetzt ist, anfreundest, wirst du erfahren, dass sich plötzliche Lichtblicke ergeben und alles viel leichter geht. Es kommt nicht von ungefähr, dass du dich jetzt gerade in dieser Situation befindest und die für dich wichtigsten Lernprozesse kannst du im Leben gerade dort machen, wo du dich befindest. Und falls sich deine Begeisterung darüber in Grenzen hält, sage dir: auch dies geht vorbei!

Und ich sage mir immer wieder, dass mein Schutzengel und meine Geistführer da sind für mich und mich führen, unterstützen und begleiten und das gibt mir ein gutes Gefühl und Geborgenheit.

Wichtig sind somit:
1. **die Kraft der Veränderung und**
2. **die Kraft der Akzeptanz.**

In Momenten, in welchen jemand z.B. den Partner oder einen andern wichtigen Menschen verliert, und vielleicht gleichzeitig auch noch die Arbeit, dann erscheint vielleicht das Leben nur noch schwarz, alles scheint verloren und Wut oder Hoffnungslosigkeit breitet sich aus. Was tun?

In solchen drastischen Situationen ist es wichtig, zuerst die Trauer zuzulassen, sie liebevoll anzunehmen und ihr zuzuhören, sie zu leben und auszudrücken. Und dann, wenn es Zeit ist, loszulassen und zu warten, bis sie sich transformiert und sich ein neues Lebensgefühl ausbreitet. Denn immer wieder kommt von irgendwo ein Licht zu uns, das uns stärkt und neu aufleben lässt. Loslassen ist die Grundlage des Glaubens und des Vertrauens. Wer loslässt und vertraut, braucht sich nicht mehr zu fürchten.

Alles, was wichtig ist, erhalten wir aus Gnade. Hingabe und Geduld sind gefragt und Vertrauen auf die Existenz. Hingabe bedeutet, sich das Leben als Freund, nicht als Feind vorzustellen. Und Vertrauen bedeutet, dass du nicht kämpfst. Alles was gross ist, bekommen wir geschenkt. Damit ist natürlich nicht gemeint, dass wir die Hände in den Schoss legen und warten, denn es wird uns nicht alles auf dem Teller serviert. Die Begabungen sind uns gegeben und die Schöpferkraft, doch es gilt, zur Tat zu schreiten und es umzusetzen!

Die Existenz sorgt für Dich!

Nenne sie Gott, oder allmächtige höchste Schöpferkraft, oder Universum oder was immer für dich stimmt. Wenn wir unseren Seelenplan leben, werden wir mit allem ausgerüstet, um den gestellten Herausforderungen zu begegnen.

Sage dir, dass du für jede Situation, in welcher du dich befindest, auch die notwendige Kraft vermittelt erhältst, um sie zu bewältigen!

Wenn du dir dieser Tatsache bewusst wirst, schöpfst du starkes Vertrauen. Vertrauen hilft dir zu entspannen, weil die ganze Existenz für dich sorgt. Wenn wir uns in einem Zustand innerer Freude, des Glücks und der Ausgeglichenheit befinden, schwingen wir mit Leichtigkeit in höheren Ebenen der Weisheit, der Freude und der Liebe. Unser Höheres Selbst übernimmt dann die Führung in unserem Leben und wir finden leicht Lösungen für unsere Herausforderungen in der Dualität. Und dann taucht auch das Gefühl der **Dankbarkeit** wieder in uns auf! Dankbarkeit erhöht unverzüglich unsere Schwingung, wir ruhen in unserem Herzen und in Verbindung mit dem Höheren Selbst.

Im Laufe der Zeit habe ich immer wieder erfahren, dass je grösser meine Dankbarkeit ist, desto glücklicher und freudiger lebe ich.

Ich werde darauf noch zu sprechen kommen.

Und dann können Wunder geschehen! Weil wir dann unsere Energie in Einklang mit der göttlichen Vollkommenheit bringen. Dann kann Alchemie geschehen. Positive Gedanken erhöhen unsere eigene Schwingung und die Schwingung Anderer, so dass eine Transformation stattfinden kann.

Und plötzlich sieht dein Leben wieder ganz anders aus: du lebst in Freude und Liebe und strotzest vor Energie und Tatkraft!

All dies geschieht, **wenn du den Weg des Herzens gehst!** Dein Herz weiss immer, was für dich richtig ist. Und je häufiger du auf dein Herz hörst, desto mehr wirst du erfahren, dass es dich richtig leitet. Dein Herz kennt deinen **Seelenplan** und den zu leben, gehört zum Wesentlichsten unseres Lebens.

Was ist mein Seelenplan?

Es ist der Lebensweg, welchen wir uns mit Hilfe höherer geistiger Wesen zurechtgelegt haben, bevor wir geboren wurden. Er beinhaltet unsere ureigene Bestimmung, wie und was wir auf Erden leben wollen, er entspricht unserem ureigenen Sehnen nach Selbstausdruck und Erfahrung.

Wenn wir für längere Zeit von unserem Seelenplan abkommen, geht es uns nicht gut und mündet unweigerlich in eine

Krise. Eine Krise, die aber eine Chance sein kann, weil wir uns dann wieder hinterfragen, was wir eigentlich wollen, ob wir wirklich so leben wollen wie wir es tun oder woran es fehlt.

Um den eigenen Seelenplan zu finden, beantworte dir folgende Fragen:
- Wer bin ich?
- Wohin will ich? Was ist der Sinn meines Lebens?
- Wofür kam ich auf diese Welt? Was ist mein Lebensziel?
- Lebe ich das, was ich bin?
- Was möchte ich in die Welt bringen?
- Welche besonderen Begabungen, Talente wurden mir in die Wiege gelegt und warten darauf wieder ent-deckt und ent-wickelt zu werden?
- Getraue ich mich, mich so zu zeigen, wie ich bin?

Es scheint, dass viele Menschen dermassen in ihren Existenzkampf verwickelt sind, dass sie sich diese Fragen kaum stellen. Und so ist es für sie meist schwierig, einen Lebenssinn zu finden, der während des ganzen Lebens seine Motivationskraft behält. Wenn wir herausgefunden haben, was unser Lebensziel ist, möchten wir natürlich wissen, wie wir das erreichen können. Dazu brauchen wir das Einfühlungsvermögen, die Intuition oder die innere Stimme, die uns führt.

Wir alle kommen im Leben immer wieder von unserem wahren Weg der Selbstbestimmung ab, weil wir uns ausschliesslich durch den Verstand leiten lassen. Der Verstand ist zweifellos nützlich (wir wurden mit nichts ausgerüstet, was wir nicht gebrauchen können), doch der Verstand sollte der Diener sein und nicht der Meister. Sonst stecken wir dann in den Spielregeln, Denkmustern und festgefahrenen Strukturen unserer Gesellschaft fest. So unter dem Motto: Wir möchten schon etwas anderes leben, aber es geht halt nicht... oder „wir müssen vernünftig sein"... usw.

Aber wollen wir wirklich unser Leben von unserem begrenzten Verstand leiten lassen oder ruft da nicht doch unser Herz mit den Sehnsüchten unserer Seele? Wie oft verbiegen wir uns, stecken unsere wahren Bedürfnisse in den Hintergrund, um es andern Menschen „recht zu machen"? Sicherlich sind Rücksicht und Anteilnahme erwünscht, doch sollte unser Handeln zum Wohle **aller** Beteiligten sein.

Viele Menschen haben den Seelenplan, warum sie auf diese Erde gekommen sind, aus den Augen verloren und leben auf eine Weise, mit der sie nicht glücklich sind und die sie als enttäuschend empfinden, bis sie sich plötzlich sagen, das kann doch nicht alles gewesen sein! Dann wollen sie die Richtung wechseln, doch oft fehlt es ihnen an Mut zur Tat, weil das Ziel noch nicht ganz klar ist oder weil sie die alten Sicherheiten nicht verlassen können. Oder aber sie wagen den Sprung ins Unbekannte und werden unverzüglich mit Mut und Vertrauen gesegnet und durch die Geistwesen liebevoll geführt.

Die Gestalt im Spiegel und jene im Kleiderschrank

Während meinen Ausbildungen in Heilen und Medialität machten wir einmal eine Übung, die uns eine verborgene Seite von uns zeigen kann und was möglicherweise unsere Seele möchte.

Wir sollten uns vorstellen in einen Raum zu gelangen mit einem schönen Spiegel und es ging darum, zu beschreiben, was wir im Spiegel sahen. Anschliessend gelangten wir in einen andern Raum mit einem Kleiderschrank. Diesen sollten wir öffnen und schauen, was wir darin sahen.

Ich sah im Spiegel eine schöne Frau, Künstlerin, in einer Hand Mandoline, in der andern Hand viele Herzen, die sie verteilte.

Interpretation durch die Übungs-Partnerin: Das bist du; eine liebe Frau, die Menschen lieben dich, wenn du so auf sie zugehst und so bist. Musisch. Harmonisch. Es gebe da nichts Dunkles, keinen Hass, keine Eifersucht.

Im Schrank jedoch sah ich eine graue, kümmerliche Gestalt, zusammengekauert.

Als die Leiterin sagte, die Gestalt im Schrank bedeute das, was ich sein möchte, musste ich schallend lachen, konnte ich mir doch nicht vorstellen, die kümmerliche Gestalt sein zu wollen.

Als dann aber mein Gegenüber mir das Gesehene interpretieren wollte, ging mir plötzlich ein Licht auf, schon bevor sie zu reden begann. Ich will gar nicht immer die sein, der es nur gut geht, die immer Energie für die Andern hat. Es ist ja auch so, dass, wenn es mir zur Seltenheit einmal schlecht geht, das die meisten andern gar nicht verstehen können, dass mir „dies auch passiert". Oder sie bekommen es gar nicht mit, weil ich mich dann zurückziehe.

Der Kommentar meiner Übungs-Partnerin: die andern kommen immer und saugen dir Energie ab und Du möchtest auch mal deine Ruhe haben!

Lebe deinen Seelenplan!

Was immer dein Herz berührt und erfreut, ist das, was du sein und leben sollst, um glücklich zu sein. Achte gut darauf, bei welchen Tätigkeiten und Situationen dies eintritt und so findest du, was deine Seele begehrt.

Das Neue wagen

> *Nur eines macht ein Traumziel unerreichbar:*
> *die Angst zu versagen*
> (Paul Coelho)

Schon Einstein wusste, dass ein Problem nicht auf derselben Ebene gelöst werden kann, wie es entstanden ist.

Wir müssen alte Muster und Gewohnheiten aufgeben und hinter uns lassen, um neue Facetten von uns zu zeigen, um schlummernde Talente und vergessene Fähigkeiten entfalten zu können.

Nur das Neue kann dich transformieren!
Alles was vorstellbar ist, ist möglich!
Die Welt ist nicht grösser als das Fenster, das Du ihr öffnest!

Habe Vertrauen und gehe wenn nötig ins Ungewisse, denn nur so kannst du im Leben Erfüllung finden! Ein sicheres Leben ist ohne Abenteuer und ein Leben voller Abenteuer ist nicht sicher. Wir hätten gerne beides: Freude und Sicherheit. Aber so ist das Leben eben nicht; wir können nicht Beides haben.

Wenn du etwas Neues beginnen willst, fühle dich ein, stelle dir vor wie es sein wird und was das neue Projekt für ein

Gefühl in dir erzeugt. Stell dir vor, dass das, was du anstrebst, schon Wirklichkeit ist. Was spürst du dann? Wenn du Energie gewinnst und Freude spürst, darfst du es wagen! Sage JA, und starte!

Ein neuer Weg ist stets ein Wagnis. Aber wenn wir den Mut haben loszugehen, dann ist jedes Stolpern ein Sieg über unsere Aengste, unsere Zweifel und Bedenken. Du darfst vertrauen, denn du wirst geführt! Betrachte eine Zielsetzung nicht als Notwendigkeit, sondern als tolle Möglichkeit. Damit wirst du dich motiviert fühlen; eine Motivation, die von Lust und Spass getrieben ist, dieses Ziel zu erreichen, und nicht von der Not, es tun zu müssen. Je weiter dein Plan voranschreitet, desto klarer wird deine Vision und desto grösser die Freude und das Vertrauen.

Wir wurden nicht geboren, um zu kriechen! Höre auf, dich einzuschränken! Wir wurden geboren mit Potential, mit Güte und Vertrauen, mit Idealen und Träumen, mit Grösse und mit Flügel! Lerne, die Flügel zu benützen und fliege!

Frage dich:
- Wo sind deine Stärken und besonderen Talente?
- Welche Träume und Visionen hattest du in der Jugendzeit?
- Fühle diesen Visionen nach! Welche sind heute noch lebendig?
- Bei welchen Hobbies bist du in Begeisterung und Harmonie?
- Bei welchem Tun vergisst du die Zeit und fühlst dich mit dir und der Welt im Einklang
- Bei welchen Beschäftigungen wächst du über dich hinaus?

Jeder Mensch hat besondere Begabungen und die wollen gelebt werden. Die Talente sind es, die uns die Begeisterung bringen und Spass am Leben bescheren.

Wie weiss ich, dass ich auf dem richtigen Weg bin?
- Du kannst dies deutlich an deinen stimmigen Gefühlen erkennen.
- Die unscheinbarsten Dinge gewinnen plötzlich grosse Bedeutung
- Du erlebst Freude und Begeisterung und hast viel Energie!
- Die Entspannung nimmt zu und du lebst in Gelassenheit und Harmonie.

Meisterschaft erlangen

Der Meister ist, was du werden kannst. Die Möglichkeit ist da, und wenn du sie nicht in die Tat umsetztest, wirst du nie zufrieden sein! Das war die Botschaft, die ich einmal bekommen hatte. Sie gilt für jeden Menschen!

Liebe und Selbstliebe

Was tun, um geliebt zu werden?
  Oft sind wir im Leben wie in einer Zwickmühle. Einerseits sind wir Liebe. Anderseits wissen wir gar nicht, was das ist und rennen endlos einer Liebe, einer Anerkennung nach. Wir tun alles Mögliche, um dies zu erreichen. Die meisten Menschen suchen dies auf Erden mit einem Partner. Andere haben das schon aufgegeben. Eigentlich wollen wir ganz einfach so geliebt werden wie wir sind. Nicht mehr und nicht

weniger. Aber wir lieben uns selbst nicht und deshalb funktioniert es nicht.

Wenn ich diese **Selbstliebe** gefunden habe, mich so annehmen kann wie ich bin, dann brauche ich nicht mehr nach Anerkennung bei den andern zu suchen. Dann bin ich zuhause angekommen.

Die Selbstliebe ist das meistgehütete Geheimnis unseres Glücks und eines gesunden Lebens. Indem wir uns selbst lieben, strahlen wir diese Schwingung auch auf die andern Lebewesen aus und diese spiegeln sie zurück.

Wir vergessen oft, dass wir SEELE sind und jede Seele ist völlig einzigartig und perfekt. Wenn ich in die Stille gehe, komme ich mir selbst näher und spüre die Liebe, die Vollkommenheit. Es gibt nichts zu tun. Wenn ich bei mir angekommen bin und diese Seele spüren kann, bin ich überwältigt von unendlicher Liebe.

SEGEN

Ursprünglich war das Segnen eine formelle religiöse Handlung, die während Jahrhunderten nur Auserwählten vorbehalten war. Unter Segen spenden meinen wir immer noch meistens das, was erleuchtete Wesen höherer Ordnung tun.

Segen empfangen ist für mich eine kraftvolle Geste, die mich schon immer sehr berührt hat. Im Laufe der Zeit erlebte ich den Segen von Engeln und Geistführern, aber auch von gewöhnlichen andern Menschen. Das braucht nicht etwas Hochtrabendes zu sein. So freute ich mich auf einer

Indienreise stets an der gebräuchlichen Grussform „Namaste", die meint „Das Göttliche in mir grüsst und ehrt das Göttliche in dir" und das bedeutet mir sehr viel.

Als ich vor ein paar Jahren eine spirituelle Reise nach Irland unternahm, erhielt ich Kenntnis von alten Texten irischen Segens, die mich sehr berührten. Tief in mir entstand das Bedürfnis, selber andere Menschen oder Situationen zu segnen, aber ich getraute mich noch nicht. Anlässlich einer Diskussion über Segnen mit einer bekannten Theologin, Autorin und Reiseteilnehmerin wurde jedoch klar, dass jeder segnen kann.

Ich segne manchmal die Blumen und Pflanzen in meiner Wohnung, den Wald oder überhaupt die Natur, oder in Gedanken eine Gruppe Menschen oder ein ganzes Land. Oft segne ich auch mit einer Handgeste eine Mahlzeit, bevor ich zu essen beginne und das fühlt sich einfach gut an und fördert auch eine gute Verdauung. Wie ein Schutz aus einer höheren geistigen Dimension. Und ich versuche, in spezifischen Situationen an einen Menschen ein paar Worte des Segens zu richten.

Segen ist einfach die Übertragung von einer höher schwingenden Energie, ist eine Einweihung oder eine Ermächtigung. Durch den Segen wird der Mensch oder die Sache mit einer hohen Lichtkraft durchflutet und geschützt. Etwas zu segnen, bedeutet, potentiell Gutes durch Worte, Gesten oder Taten zu bekräftigen und mit Licht zu versiegeln.

Jeder kann Segen aussenden und dies kann auch auf ganz informelle Weise geschehen, z.B. durch den Wunsch „Ich wünsche dir Glück und Segen" oder alle Wünsche, die mit „Möge dir…." Oder „möge dich" beginnen und Herzensgedanken des Wünschenden enthalten. Oder wenn du jemandem in einer bestimmten Situation „die Daumen drückst". Du kannst auch dein eigenes Leben segnen.

Du kannst deinen Segen auf alles ausströmen lassen, wo er gebraucht wird: Zu Menschen, Tieren, in Häuser, in die Natur und überall, wo Heilung gebraucht wird. Das gilt natürlich nicht nur für formelles Segnen, sondern auch für Fernheilung und alle Arten Senden von Licht, guten Gedanken und Gefühlen. Durch Gesten kannst du Licht in die Welt bringen und Energiefelder positiv aufladen, deine eigenen inbegriffen! Jeder Gedanke, jedes Gefühl, das du zu jemandem ausströmst, kommt zu dir zurück und so wirst auch du dich gesegnet fühlen, wenn du wohlwollende Gedanken von Herzen sendest. Für mich beginnt jeder Tag viel lichtvoller, wenn ich ihn mit einer kleinen Geste und Worten des Segens beginne. Schon nur das Wort „Segen" bewirkt etwas Grosses in mir.

Jahrelang habe ich allmorgendlich eine Karte aus einem Kartendeck gezogen und erfahren, dass diese Ausrichtung mich durch den Tag trägt, mich sensitiver macht und meine höhere Führung verstärkt. Auch dies ist eine Art Segen.

Dankbarkeit macht uns glücklich

Wie das Segnen wirkt sich auch unsere Dankbarkeit wesentlich auf unsere Lebensqualität aus, wie ich es bereits erwähnt habe.

Es gibt täglich Tausende Dinge, für die wir dankbar sein dürfen: Ich habe immer wieder erfahren, dass mein Glücklich Sein mit der vorhandenen Dankbarkeit enorm zunimmt.

Wir können dankbar sein für unser unglaublich privilegiertes Leben, für unsere Gesundheit, für unsern Wohlstand, für unsere Freiheit und Menschenrechte, für unsere Natur , für das Wirken der Naturwesen, und überhaupt für Mutter Erde, die uns trotz ihrer Zerstörung durch die Menschheit noch immer mit allem versorgt, was wir brauchen. Wir dürfen dankbar sein für alles was wir erfahren und gelernt haben, alles was wir geschenkt bekommen, dass wir ein Dach über dem Kopf haben und unendlich viel mehr, das wir vielleicht für selbstverständlich halten. Wir können auch dankbar sein für die Sonne, für jeden Regentropfen, für die frische Luft, für eine schöne Blume oder einen Menschen, der uns mit einem Lächeln begegnet. So lächle auch DU!

Wesentlich schwieriger, aber nicht weniger förderlich ist für uns die Dankbarkeit für alles, was uns vermeintlich „zustösst" und vielleicht als Störenfried erscheint, z.B. eine Krankheit, ein Unfall, ein verpasster Zug oder sonst etwas, das nicht in unserem Programm war. Nichts ist umsonst und wir erkennen oft erst im Nachhinein, ob etwas nun „Glück" oder „Pech" ist. Krankheiten können wertvolle Lernprozesses sein und was uns sonst noch so in die Quere zu kommen scheint, ist vielleicht letzten Endes ein grosses Glück. Solche Situation verhindern vielleicht etwas viel Schlimmeres oder laden uns zu einem Unterricht ein. Ein Unterricht über in uns schlummernde Kapazitäten und Fähigkeiten, die auf unserem Weg zur Entfaltung gebracht werden wollen.

Dazu eine kleine Geschichte: Mullah Nasrudin, östlicher legendärer Volksweise, lebte mit seiner Familie in ärmlichen Verhältnissen in einem einfachen Haus an abgelegenem Ort. Eines Tages lief ein Schimmel herbei. Nun galt im Land die

Gepflogenheit, dass ein zugelaufener Schimmel immer behalten werden durfte. Was für ein Glück, sagte sich Nasrudin und freute sich über den schönen Schimmel. Nun ritt sein Sohn den Schimmel und es ergab sich, dass er vom Schimmel stürzte und sich dabei das Bein brach. Was für ein Pech, sagte sich nun Nasrudin. Doch da brach ein Krieg aus und alle jungen Männer wurden ins Militär eingezogen, jedoch nicht sein Sohn, weil er ein gebrochenes Bein hatte. Was für ein Glück, also!

Die Geschichte zeigt, dass wir oft erst im Nachhinein erkennen können, ob ein Ereignis in unserem Leben Glück oder Unglück ist, ungeachtet dessen, wie es im Moment aussieht.

Finde Deine eigene Schöpferkraft!

Entdecke oder wiederentdecke deine besonderen Begabungen und Talente und erfahre die unbändige Freude, die beim Erschaffen Deiner Werke in Dir aufblüht! Es spielt keine Rolle, was du erschaffst, solange es dir Freude bereitet und du wirst erfahren, wie deine eigenen Schöpfungen dein Leben verändern.

Ob du handwerklich etwas erschaffst oder ob du tanzest, singst, etwas Neues lernst oder Andere lehrst, ob du dich mit alten oder bedürftigen Menschen, mit Flüchtlingen engagierst oder in einer Organisation mitmachst: wichtig ist, dass du es tust! Finde dein eigenes Projekt und erlebe, wie du damit aufblühst!

Nimm dir Zeit und prüfe gut; aber dann ist **Entscheidungsvermögen** gefragt. Wenn du dich entschieden hast, bleibe dabei! Zaudere nicht! Beginne sofort und halte durch!

Manchmal musst du springen, selbst wenn du zweifelst! Sonst springst du nie und die Zweifel werden grösser. Sicher ist es sinnvoll, uns zu hinterfragen, ob wir einem Projekt gewachsen sind. Wenn aber unaufhörlich die Zweifel an uns nagen, zerstören wir unsere Kreationen im Keim und verzagen. Wenn wir hingegen vertrauen, fliesst die Energie in das Vertrauen und die Zweifel verschwinden.

Und dann braucht es **Durchsetzungskraft.**

Die eigene Schöpferkraft aktivieren

Im September 2008 erstellte ich eine eigene Website mit meinen Angeboten (Vorträge, Kurse, Heilen, Einzelberatungen). Auch damals erlebte ich, was diese eigene Schöpfung für eine fantastische Energie in mir auslöste! Ich war so glücklich! Zusammen mit meinem Webmaster besprachen wir Gestaltung und Farben und so spürte ich schliesslich Resonanz mit dem Resultat. Und ich hatte das Gefühl, dass ich Berge versetzen könne!

Ich wollte das, was ich während meines ganzen Lebens zusammengetragen und erfahren und jenes, was ich während den Ausbildungen und andern Seminaren seit vielen Jahren gelernt und verinnerlicht hatte andern Menschen zu deren Wohl zugänglich machen. Licht in die Welt bringen!

„Du muss die Blume werden, deren Samen du in dir trägst, denn nur dann bist du glücklich, erfüllt und zufrieden; nur dann kannst du im Wind, Regen und in der Sonne tanzen!" Das wollte ich sehnlichst!

Doch auch die Zweifel kamen: kann ich das? Darf ich das? Es brauchte Vertrauen in mich und das Universum. Und eine innere Stimme sagte mir: In der Fülle leben heisst wissen, dass ich zur rechten Zeit alles bekomme, was ich brauche!

Es ging auch darum, Ballast abzuwerfen und mich unabhängig von der Meinung anderer zu machen. Ich wollte frei sein und mich auf das Wesentliche konzentrieren. Manche Erwartungen kamen von Andern, manche waren aber wohl auch nur in meinem Kopf! Die Selbstzweifel bremsten meine eigene Schöpferkraft!

Ich bat die Geistige Welt um Antwort auf die Frage, warum ich Menschen, die für mich wichtig waren, immer wieder etwas beweisen wollte? Warum genügte es mir nicht, die Dinge für mich zu tun und mit mir und meinen Schöpfungen zufrieden zu sein? Darauf benötigte ich eine Antwort, denn ich wusste, dass ich dann loslassen konnte.

Was brauchte ich das Urteil anderer Menschen, wenn doch mein Höheres Selbst wusste, was gut und richtig für mich war? Wozu brauchte ich die Anerkennung Anderer? Mein Selbstwertgefühl liess zu wünschen übrig, das wusste ich. Doch woher kam das? Im Moment war ich jedenfalls noch sehr in diesem Muster verfangen. Ich entsorgte alte Sachen, kaufte zwei Fauteuils und ein Tischlein für das Sitzungszimmer und richtete dies schön ein und dies gab mir Berge von Energie! Wieder kam Schwung in mein Leben! Bald würden die ersten Klienten zu mir kommen!

Erst Jahre später erkannte ich, dass es tatsächlich wesentlich zum Auflösen solcher Muster beiträgt zu erfahren, was deren Ursache ist. Eine mangelnde Selbstliebe oder das Gefühl, nicht gut genug zu sein ist in den meisten Fällen in Erfahrungen während der frühen Kindheit zu suchen, möglicherweise sogar während der Schwangerschaft im

Mutterleib. Wenn du weisst, woher es kommt, kannst du es loslassen! Drehe es einfach um:

Sage dir: „Ich bin wertvoll!" und „ich bin vollkommen richtig, so wie ich bin!"

Malen , um glückselig zu sein

Ich war mein Leben lang überzeugt, dass ich nicht zeichnen oder malen kann, im Gegensatz zu Künsten wie Singen, Theater spielen, reden, dichten, Sprachen, Lehren, die ich schon früh mit Vorliebe ausübte. Als ich einmal meine ältere Schwester fragte, ob ich auch in der Kindheit wirklich nicht zeichnen konnte, erklärte sie, dass wir (Geschwister) alle nicht zeichnen konnten. Das kam mir aber dann doch etwas eigenartig vor und ich zweifelte, dass niemand von uns vier mit diesem Talent beschenkt sein sollte.

Vor ein paar Jahren nahm ich dann an einem Kurs für Ausdrucksmalen teil. Ich hatte das Bedürfnis, etwas in Farben auf Papier auszudrücken, obwohl in mein Leben lang nie gezeichnet oder gemalt hatte und darin keine Erfahrung besass. Auf diese Weise, so dachte ich, würde ich vielleicht den Weg zur Malerei finden, denn ich setzte voraus, dass ich im Kurs angeleitet würde. Und so stand ich dann beim ersten Mal ziemlich ratlos vor der Wand mit meinem riesigen Blatt Papier und wusste nicht wie beginnen.

Im Kurs störte es mich, dass die Farben deckten und man sie nicht fein ineinander fliessen lassen konnte. Vielleicht müsste ich einmal Aquarell ausprobieren.

Ich hatte ein Frühlingsbild gemalt mit viel Grün und plötzlich gespürt, wie ich mich freute an dem Bild, obwohl es gar nicht so herausgekommen war wie ich wollte. Aber es symbolisierte Neubeginn und Wachstum! Vielleicht hatten die Andern doch Recht, Chantal, die insistiert hatte, ich müsse malen, weil ich ein schönes Gedicht geschrieben hatte und Claudia, die behauptete, ich habe Talent dafür. Aber ich konnte doch gar nicht zeichnen und mein Weg, etwas auszudrücken, war doch mit dem Wort!

Ein paar Wochen später entdeckte ich, dass mir das Malen gefiel.
 Was für eine Entdeckung! Ich ging gerne hin und genoss es, wenn ich ins Malen vertieft war, selbst wenn am Schluss etwas ganz Anderes herauskam als erwartet. Selbst bis in die Träume begleitete mich das Malen und es bewegte etwas in mir!

Ich wechselte dann zum Aquarellmalen und fand dort zuerst eher Frust, weil ich etwas ausdrücken wollte, die Technik aber nicht beherrschte und dann etwas ganz Anderes als das Vorgeschwebte auf dem Papier entstand. Es galt zu üben, nochmals zu üben und viel Geduld zu haben. Ich dachte halt, dass mir das Malen auch sogleich gelingen würde, wie ich dies in meinem Leben mit vielen Tätigkeiten erfahren hatte. Als ich einmal das Ganze einfach hinschmeissen wollte, wurde mir gesagt, es sei noch kein Meister vom Himmel gefallen! Doch mit der Zeit senkte ich meine Ansprüche und verzichtete auf Vergleiche mit Kurskollegen, die bereits seit vielen Jahren malten und schliesslich stellte sich eine gewisse Erfahrung ein. Und so fand ich im Aquarell ein Reservoir grosser Freude und Erfüllung und mit der Zeit erweiterte sich meine Wahrnehmung für die Objekte und damit auch jene in der Natur. Nirgends ist mein Gewahrsein so innig wie im Eintauchen in die Natur oder ins Aquarell, wo ich die Zeit völlig vergessen kann.

Ich hatte in meinem Leben auch stets gedacht, dass ich nichts mit meinen Händen erschaffen kann, weil mir das Handarbeiten stets ein Gräuel war. Keine Ahnung hatte ich, dass ich über heilende Hände verfüge und diese Hände auch schöne Bilder malen können.

25 Jahre, nachdem ich in Togo war, unterstütze ich noch ab und zu meine ehemalige dortige Hausangestellte und ihren Sohn. Das ist für mich auch ein Projekt meiner Schaffenskraft. Sie leben unter schwierigen Bedingungen in diesem noch stets von einem Diktator geführten westafrikanischen Land. Ihr Ehemann hatte Frau und Sohn im Stich gelassen und war eines Tages auf immer verschwunden, wie dies afrikanische Ehemänner zuweilen tun.

Meine Freude, nachdem die Frau vor ein paar Jahren ein Handy erstanden hatte und mich nach all den Jahren erstmals anrief, hätte Gletscher zum Schmelzen gebracht und rührte mich zu Tränen! Wir hatten vorher viele Jahre brieflich über eine Postfachadresse korrespondiert und nicht alle Briefe kamen an.

Alte Erinnerungen tauchten auf. Jetzt kam mir wieder in den Sinn, wie die damals junge Frau geweint hatte, als ich – ein einziges Mal - sie angeschrien hatte. Sie sagte damals, ich sei immer wie eine Mutter zu ihr gewesen und sie wollte gleich weglaufen, weil ich nicht zufrieden mit ihr war. Ich hatte sie dann in die Arme genommen und getröstet und gesagt, es sei ja gut so.

Ich hatte im Jahr 1993 sogar die Gäste der Hochzeit Lucies und ihrem Mann in meinen Garten zu einem kleinen Fest mit Speis und Trank eingeladen, weil infolge von Gewalt und Terror, sowie der wirtschaftlichen Krise der Landes mit dem monatelangen Generalstreik niemand mehr Geld oder Nahrungsmittel besass und auch keine Gaststätten mehr offen waren. Ihre Verwandten wären sonst ohne Essen aus den entfernten Dörfern in den frühen Morgenstunden nach Lomé zur Kirche gefahren und hätten dann unmittelbar nachher ohne Essen und Trinken die stundenlange Fahrt zurück ins Dorf antreten müssen, vorbei an Strassensperren, Polizei und Militär.

Es war mir gelungen, der Angestellten bei der Beschaffung der Papiere für die Trauung zu helfen, als ich der kommenden Revolution im Land gewahr wurde, bevor auch die Standesämter wie alle andern offiziellen Einrichtungen nicht mehr funktionierten.

Und ihr Sohn Joel, von dem sie mir nun Fotos sandte, der gute Junge! Erst acht Jahre nach der Heirat wurde er geboren und dies berichtete mir Lucie damals voller Freude und Stolz. Und jetzt sehe ich ihn zuweilen vor mir in seinen zu grossen Jeans und mit einem Rucksack zur Schule marschieren. Eine Zeitlang war er angeblich sogar der Beste der Klasse!

Lucie lebte mit ihrem Sohn schon lange unter schwierigen Bedingungen und nun waren sie plötzlich obdachlos, weil sie die Miete nicht bezahlen konnten, obwohl die Frau täglich bis spät in die Nacht als Strassenverkäuferin arbeitete. Da musste und wollte ich helfen! Die Freude, die es in mir auslöste, die Stimme von Lucie und ihr Lachen zu hören! Ich kann nicht mehr dorthin reisen und an Ort und Stelle etwas bewirken, aber was ich mache ist Direkthilfe und das berührt mein Herz. Auch dies ist ein Projekt, das mich glücklich macht!

Und so gibt es unzählige Möglichkeiten von Projekten, die dein Leben bereichern können. Halte die Augen offen und beobachte, wo und bei welchen Aktivitäten du Freude und Inspiration empfindest und deine Schöpferkraft entfalten kannst!

Der Weg zum Erfolg

Es ist wichtig, dass gute Vorsätze nicht versanden, wie dies bekanntlich bei uns allen immer wieder vorkommt. Aus Swami Sivanadas Autobiographie entnahm ich einen wertvollen Ratschlag:

„Wenn ich eine Arbeit übernehme, beende ich sie um jeden Preis. Wenn ich anfange, ein Buch zu schreiben, bringe ich es auf die eine oder andere Art zu Ende. Wenn ich mir ein Buch zum Studium vornehme, schliesse ich es ab, bevor ich ein anderes anfange. Ich arbeite mit grossem Fleiss. Ich halte zäh und eindringlich am Ziel fest."

Wenn ich mich an diese Regeln halte, kann ich Unglaubliches erreichen! **Geduld** und **Durchhaltevermögen** sind Gold wert!

Nützliche Affirmationen:
Ich lasse nichts halb erledigt. Ich konzentriere mich auf eine Sache und denke intensiv daran, ohne Ablenkung. Ich bin standhaft, unerschütterlich und beständig.

Verzettelei und Unvollendetes

Ich habe viele verschiedene Interessen und das macht mein Leben spannend. Aber dadurch entsteht häufig eine Verzettelei. Einiges ist bei mir nicht fertig und darum spielt sich der ständige Monolog in mir ab. Es scheint zuweilen viel spannender, wieder etwas Neues zu beginnen, als das Begonnene zu vollenden. Dadurch wird Vieles nicht fertig gestellt und versandet. Es ist aber notwendig (es wendet die Not), das Angefangene zu vollenden, denn nur so kann etwas Neues in unser Leben eintreten. Das habe ich lange nicht begriffen. Und wenn man es begriffen hat, gilt es noch, es umzusetzen! Immer wieder muss ich versuchen, alles zu beenden, was ich begonnen habe.

Ist deine Aufmerksamkeit simultan bei allem Möglichen, so bist du nirgends. Ist sie gesammelt, so bist du auf dem Gipfel deiner selbst.

Vollendung

Alles was vollendet ist, fällt von dir ab!
   Alles, was unvollendet ist, haftet an dir und wartet auf Vollendung.
   Beende alles, was du tust, all die ganz kleinen Dinge!
   Was für eine Befreiung und ein wunderbares Gefühl, etwas wirklich erledigt zu haben. Und etwas erschaffen zu haben gibt Power! Und wieder können Wunder geschehen!

Altes loslassen

Ursprünglich hatte ich geplant, nach der Pensionierung ein paar Monate pro Jahr auf Zypern zu verbringen, weil mir das Klima in der Schweiz nicht behagt und um die Schönheit dieser Sonneninsel zu geniessen.

Deshalb hatte ich mir eine billige Ferienwohnung in der Nähe der Pufferzone angeschafft, die sich in der Nähe von traumhaften Buchten befand. Während meines letzten Einsatzes auf Zypern war diese Wohnung meine Oase des Friedens gewesen, wo ich gelegentlich das Wochenende verbrachte und mich von den Strapazen meiner Arbeit zu erholen. Und so stellte ich mir vor, als Pensionierte wäre es doch einfach paradiesisch, dort ein paar Monate pro Jahr zu weilen. Aber es kam anders. Mein Wirkungsfeld war nun in der Schweiz und auf die Insel kam ich höchstens, um ein paar Wochen im warmen Meer zu schwimmen.

Schon im Herbst 2009 erkannte ich, dass das zyprische Urlaubsparadies nicht mein Endziel war. Die frühere Seelenzufriedenheit fand ich dort umso weniger, je mehr ich mich veränderte und je mehr die Energie um mich herum für mich nicht mehr stimmte.

Trotzdem dauerte es noch Jahre, bis ich dieses Kapitel abschliessen konnte, weil es nach dem wirtschaftlichen Zusammenbruch auf der Insel lange nicht möglich war, die Wohnung loszuwerden. Auch hatte ich stets gedacht, dass jemand aus meiner Verwandtschaft sie gerne übernehmen würde, was sich schliesslich als falsche Annahme herausstellte. Und schliesslich ist es eben sehr schwer, sich von etwas zu trennen, woran man sich gewöhnt hat und das man liebgewonnen hat.

Botschaften, Symbole und was uns so alles „zufällt"...

Ich erlebte in Zypern Dutzende Hinweise, Botschaften und andere „Zufälle", die mich darauf aufmerksam machten, dass meine Zeit dort zu Ende war und ich sie abschliessen sollte.

In der Wohnung ging alles Mögliche kaputt und auch ausserhalb begegnete ich allerhand „Zufälligkeiten", die mich nachdenklich stimmten in Bezug auf mein Dasein auf der Insel. Sogar der Wohnungsschlüssel brach innerhalb des Schlosses.

Wiederholt zog ich die Karte „Faulheit" aus dem Osho Zen Tarot, die mir sagte „dieses Urlaubsparadies ist nicht dein Endziel! Die unendliche Weite des Himmels wartet darauf, von dir erkundet zu werden."

Was war denn damit gemeint? Die früheren Vorstellungen von mir, als Pensionierte einfach genüsslich an diesem Ferienparadies zu weilen, hatten neuen Perspektiven Platz gemacht, seit ich auf den Weg der Spiritualität gekommen war. Zuhause in der Schweiz gab es viel für mich zu tun und während ich in Zypern unter dem Sonnenschirm sass, verpasste ich die Workshops und Kurse in der Schweiz, die mich doch so faszinierten und die mich weiterbringen sollten. Dort war meine wirkliche Bestimmung und mein neuer Weg.

Noch viel deutlicher kamen die Botschaften in den Meditationen.

Und einmal, als ich auf der Pergola sass und Tagebuch schrieb

(Es war fünf Jahre bevor ich endlich die Wohnung verkaufen konnte) schrieb ich plötzlich, ohne zu wollen:

„Hier ist nichts für Dich. Es warten ganz andere Aufgaben auf dich. Du wirst sprachlos sein und viel Neues lernen und erfahren.

Meditiere auf der Bank im Wald! Wir werden dir zeigen, was es ist und wie du es angehen kannst. Hellblau, Lila und violett werden zu sehen sein. Und lausche gut! Nehme den Notizblock mit; vielleicht erhältst du Anweisungen."

Ich war so dankbar für diese Botschaft! War das soeben automatisches Schreiben gewesen? Auf jeden Fall war ich ermutigt durch diese Eingebung, die mich daran erinnerte, dass ich auf der Insel stagnierte und weitergehen sollte. Nach diesem Aufenthalt wurde mir bewusst:

Mein Ferienparadies hat Löcher!

Es war eben nicht mein Endziel! Vieles hatte sich verändert in mir und alles zum Guten, glücklicherweise! Eine Verlagerung der Prioritäten hatte stattgefunden. Viel Heilung war vorher geschehen! Heilig ist es in Tat und Wahrheit, was dort mit mir geschehen war. Heilig, wie ich heil wurde und damit auch ganz. Wunder dauern manchmal etwas länger! Aber sie finden statt! Und jetzt war es Zeit, abzuschliessen und weiterzugehen!

Eines Tages, als ich vom Strand zurückkam, sah ich einen Vogel im Wohnzimmer am Boden liegen; offenbar verletzt. Armer Vogel! Das Fenster war offen, so wie Tausende andere Male, doch niemals in all den Jahren war ein Vogel hereingeflogen. Behutsam nahm ich ihn in die Hand, setzte ihn auf den Fenstersims und weg flog er, doch er flog tief und offenbar war er etwas behindert und andere Vögel umschwirrten ihn. Und sogleich wurde mir bewusst: in meiner Wohnung fühle ich mich zwar noch stets sehr wohl, bin aber wie ein gefangener Vogel meiner Freiheit beraubt und kann mich nicht bewegen.

Am nächsten Tag rief ich endlich eine Agentur an, um den Verkauf der Wohnung einzuleiten. Mein Ziel war, den Verkauf bis spätestens zu meinem 70. Lebensjahr zu bewerkstelligen, was schliesslich mit grosser Mühe gelang, weil inzwischen das Land fast bankrott war und der Immobilienmarkt völlig am Boden lag. Die Befreiung in meinem Leben nach der Liquidation der Wohnung war dafür ein riesiges Geschenk!

Alles was uns zufällt, hat eine Bedeutung und die Symbole, denen wir im Alltag begegnen, liefern uns wertvolle Botschaften an unser Unterbewusstsein. Durch Achtsamkeit erkennen wir solche Symbole und Botschaften, die uns in Harmonie bringen mit dem, was unser Höheres Selbst möchte.

Bewusstheit bringt Freiheit

Ich hatte **ein neues Bewusstsein** erlangt und so sah ich auch meine Umgebung jetzt anders. Nicht nur die Verhältnisse auf der Insel hatten sich drastisch verändert, sondern eben auch mein Bewusstsein. Es war Zeit für eine Veränderung. Bewusstsein schafft Realität und meine Realität war eine neue!

Entscheidungsvermögen

> *Wer seinen eigenen Weg geht, dem wachsen Flügel*
> *(aus dem Zen-Buddhismus)*

Es braucht **Entscheidungsvermögen** und **Beständigkeit**, sagte auch der indische spirituelle Lehrer Sathya Sai Baba in seinem Buch „Sai Baba spricht zum Westen", das mir jahrelang täglich als Lektüre diente und für mich noch immer hilfreich ist.

Zum Thema Entscheidungsvermögen hatte ich einmal den zyprischen Präsidenten Klerides befragt, wie er zu seiner grossen Souveränität und Weisheit komme. Dieser Mann, der ein permanentes feines Lächeln auf dem Gesicht trug, so dass es Teil seiner Ausstrahlung geworden war, antwortete mir: „Ich überlege lange, höre viele Stimmen an, erwäge nach allen Gesichtspunkten. Dann ziehe ich mich zurück und überlege gut, bis ich zu einer Lösung gekommen bin. Dann treffe ich einen Entscheid, von dem ich nicht mehr abweiche und den ich konsequent durchsetze." Das hat mich sehr beeindruckt.

Entscheidungsvermögen bereichert unser Leben gewaltig. Wenn ich mich nicht entscheide und alles aufschiebe, trage ich eine stets schwerer werdende Last mit mir herum, weil immer mehr auf eine Entscheidung wartet. Aber wenn ich einen Entscheid getroffen habe, fühle ich mich erleichtert und gestärkt mit Durchsetzungskraft. Und dann gilt es, dabei zu bleiben und den Entscheid umzusetzen. Auftauchende Schwierigkeiten sind eine Gelegenheit, Durchhaltevermögen, Geduld und Vertrauen zu üben.

Frage nicht nach Belohnung, nach Ausgleich, ob jemand irgendwie die Grösse deines Tuns erkennen wird. Es bedarf keines Triumphs.
Deinem inneren Plan zu folgen ist das grösste Glück!

Probleme haben wir immer nur dann, wenn wir meinen, ein Ziel unbedingt erreichen zu müssen, uns aber dabei machtlos fühlen.

FEUERLAUF FÜR EIN OFFENES HERZ

Im Februar 2012 teilte mir Claudia mit, dass sie an einen Feuerlauf gehe, zusammen mit Mirjam. Das wollte ich ja schon seit Jahren, hatte aber den Mut nicht gefunden. Die Erinnerung an den unglaublich eindrücklichen Feuerlauf der Hindus in Sri Lanka in den Achtzigerjahren und ihre andern wundersamen Taten hatte in mir den bleibenden Eindruck verankert, dass nur ganz besondere Menschen, ja vielleicht nur Heilige, dies tun durften und dessen würdig waren. Und im jetzigen Moment, nach einer enttäuschenden Erfahrung mit einer ehemals guten Freundin fühlte ich mich nicht besonders mutig. Doch ich erkundigte mich, wer den Feuerlauf durchführe und stöberte dann gleich in der Homepage von Lydia, die einen sehr positiven Eindruck bei mir hinterliess. Und um Lydia besser kennenzulernen, buchte ich einen schamanischen Einführungskurs für das Wochenende bei ihr. Das würde mir ermöglichen zu beurteilen, ob ich bei ihr den Feuerlauf riskieren wollte. Nur mit jemandem, in den ich volles Vertrauen habe, wollte ich so etwas unternehmen. Der Wochenendkurs war überzeugend und so meldete ich mich nachher zum Feuerlauf an und fragte sogleich, wie ich mich darauf vorbereiten könne.

Lydia erklärte: Du bist Feuerläuferin am 20. April und bist nun bereits mit diesem Datum und der Gruppe, die sich treffen wird, mit dem Feuer, das brennen wird und dem Platz, wo es stattfinden wird, verbunden!"

Das half mir sehr und in der Folge erhielt ich per Post noch Anregungen, wie ich mich sonst vorbereiten konnte. Doch meine Ehrfurcht vor dem Feuerlauf und Jenen, die effektiv barfuss über die glühenden Kohlen liefen war derart gross, dass ich nicht nur etliche Meditationen dem Thema widmete, sondern auch noch eine Pilgerreise zu einem Kloster in ein entlegenes Dorf im Wallis unternahm.

Vor fast 30 Jahren hatte ich einmal in Sri Lanka Gelegenheit gehabt, den Hindus beim Feuerlauf zuzuschauen und dieses Ereignis hatte in mir einen äusserst tiefen bleibenden Eindruck hinterlassen. Schliesslich war allerseits bekannt, dass beim Laufen über glühende Kohlen Verbrennungen dritten Grades entstehen können.

Nur einmal pro Jahr fand dieses Festival statt, angepasst an die Position der Sterne und so war es damals um 02.00 Uhr morgens. Ein riesiger Glutteppich, brandheiss, war vorbereitet worden, die Sanität war anwesend. Fast nur Heilige oder eine Art Magier waren befugt zu laufen, jedenfalls scheinbar Menschen mit ganz speziellen Fähigkeiten. Sie sahen auch ganz besonders aus, hatten eine unglaubliche Ausstrahlung und offenbar übermenschliche Fähigkeiten. Normal Sterbliche liefen angeblich nur in ganz besonderen Fällen über das Feuer, hatte man mir erzählt. Z.B. ein Mann aus Colombo hatte eine kranke Frau und schwor, wenn sie genese, gehe er übers Feuer. Sie genas und er lief und blieb unversehrt.

Am Nachmittag des Festivals, bevor während der Nacht der Feuerlauf stattfinden sollte, hatte ich einigen dieser Hindus zugeschaut. Da hing einer mit nacktem Oberkörper an einer Art Fleischhaken waagrecht an einem Baum, den Blick starr geradeaus, während dem einige Einheimische Schlange standen, um von ihm Ratschläge entgegen zu nehmen. Ich wollte unbedingt sehen, was geschehen würde, wenn er herunterkam. Gegen Abend hoben ihn ein paar Männer vom Baum herunter, entfernten die Fleischhaken aus seinem Leib und bedeckten die Stellen, wo die Haken ihn ins Fleisch gestochen hatten mit einem weissen Pulver. Kein Tropfen Blut floss, der Mann schritt ganz ruhig weg und setzte sich unter einen Baum zu seinen Leuten, als ob nichts geschehen wäre. Ein anderer dieser Männer hatte seine Wangen mit einem eisernen Stab durchstochen, der auf beiden Seiten herausragte. Von Blut war auch da nichts zu sehen und zu leiden schien er auch nicht.

Nicht erstaunlich also, dass ich diese Erinnerungen seit all dieser Zeit mit einem unermesslichen Respekt vor dem Feuerlauf verband und mich jetzt wochenlang gebührend vorbereiten wollte. Aber ich wollte unbedingt die Angst besiegen und deshalb freute ich mich auf den Feuerlauf.

Und dann war es plötzlich soweit! Dunja, eine andere Freundin, die ich am Schamanenseminar kennen gelernt hatte und die auch teilnehmen wollte, hatte mir anerboten, mich mit ihrem Auto abzuholen und ich lief bereits ganz aufgeregt in meinem Wohnzimmer hin-und her, bis sie da war.

Wir kamen früh am verabredeten Ort an und wollten noch einen Tee trinken gehen. Da stand Mirjam wie ein Engel des Empfangskomitees vor der Konditorei und winkte uns zu. Wie wilde Hühner stürmten wir über die Strasse und ins Café. Dort zwei bekannte Gesichter, Claudia und ihre Schwägerin. Freude und Unruhe waren gross! Nach einer Erfrischung trafen wir uns mit Lydia und dem Rest der Gruppe, dann fuhren wir mit einem Konvoi von 5 Autos zum Wald. Wir mussten zuerst zu Fuss durch eine Wiese über Drahtzäune und ziemlichen Morast. Und dann nahm uns gleichsam eine Kathedrale von Buchen und Tannen in Empfang und jetzt blauem Himmel nach wochenlangem Regen. Wir schichteten das Holz auf, das vom Regen geschützt aufgestapelt war. Trommeln, Rasseln, Gesang, Rituale. Dann zündeten wir gemeinsam das Feuer an. Es loderte hoch und hell; wunderbar, kräftig und knisterte schön.

Dann machten wir Rituale, um die mitgebrachten Gegenstände zu verbrennen, die jeder vorbereitet hatte als Symbol für alles, was er dem Feuer übergeben wollte. Ich hatte ein besonderes Stück Holz dabei, um welches ich mit Stoff und Schnur einen grossen Briefumschlag mit Inhalt geheftet und die Adresse aufgemalt hatte: „An den Feuergeist von unserem Feuer". Einer nach dem andern übergab dem Feuer seinen Gegenstand und bedankte sich nachher mit Kräutern. Ich hatte Bergamotte mitgebracht, sowie zyprische Bergkräuter, Salbei, Rosmarin, Thymian, Minze und Myrrhe! Am Morgen hatte ich das Buch „Baumengel-Orakel" hervorgenommen, im Hinblick auf den Tageskurs

„Begegnung mit Naturwesen", den ich im Mai anbot, und hatte die Karte „Myrrhe" gezogen. Dies sah ich als Botschaft, auch Myrrhe zum Feuerlauf mitzunehmen. Ich übergab den Bestand dem Feuer; riesige Stücke, die mir beim Räuchern stets zu gross waren.

FIRE FIRE BURNING HIGHER, FIRE FIRE TRANS-
FORMING ME!

sangen wir im Chor und tanzten rund um das Feuer, was bedeutete: Feuer, Feuer, brenne höher, Feuer, Feuer transformiere mich!

Ich hatte die Botschaft zur Myrrhe gelesen und sie ging mir sehr tief:

„Entzünde das geweihte Herz und sende ein Gebet! Zeit, Dank zu sagen und allem Leben Segen zu senden. Die Liebe steigt höher als der Rauch und umhüllt die ganze Erde. So gross wie dein Herz."

Es war für mich so eindringlich, dass ich weinte, als ich das las.

Während wir weitere Rituale machten, sah ich einen Adler im Feuer.

Dann machten wir eine Meditationsreise. Ich setzte mich auf den Boden, mit geschlossenen Augen. Links unten der rauschende Bach, darüber glänzend der Abendstern, ein blauer Himmel über uns, vor uns das brutzelnde Feuer und rechts wie eine riesige Kathedrale, der Wald mit den zarten frühlingshaften Buchenspitzen.

Was ist die Qualität, die neu zu mir kommt?

Gewünscht hatte ich mir so sehr VERTRAUEN und so dachte ich zuerst dies. Und dann: innere Führung! Lass dich einfach führen, dann kommt die Qualität! Plötzlich merkte ich, dass dies die Botschaft war:

INNERE FUHRUNG! Und MICH SEIN!

Und dann war für mich plötzlich schon Morgen, es war hell geworden im Wald und ich sass da als kleines Mädchen mit blonden Locken, lustig und fröhlich und unbeschwert und da merkte ich: ich habe ja gar keine Angst mehr! Die Angst war wirklich weg! Dabei hatte ich unglaublich Angst gehabt, ich könnte mich verbrennen und hatte tagelang daran gedacht und gebetet, ich möge unversehrt bleiben und ich möge „es wert sein". Jetzt musste ich dies nicht mehr.

ICH BIN
GOTT SEI DANK
AMEN

Als wir uns nach der Meditation austauschten, anvertraute ich den grössten Teil dieser Geschichte im freundschaftlichen Kreis. Jetzt war ich völlig gelassen und froh.

Dann tanzten wir ums Feuer herum und sangen „Füür oh Füür, zeig mir mi witere Wäg".

Allmählich wurden die Flammen kleiner und mehr und mehr hatte sich Glut gebildet, ein ansehnlicher Haufen. Jetzt rechen, sagte Lydia und wies uns aber schon an, Schuhe und Socken auszuziehen. Uhh, war das kalt am Boden und man las mit den Füssen sogleich ein paar nasse Blätter und Erde auf. Auf ein paar Matten neben dem Feuer durften wir stehen und Lydia formte mit dem Rechen einen grossen Glutteppich, und jeder durfte auch ein wenig rechen.

Und plötzlich war alles bereit und Lydia lief!

Sie hatte uns gesagt, wenn dein Herz JA sagt, dann stelle dich an den Start. Wenn es nein sagt, ist das auch gut; niemand muss gehen! Nach Lydia wollte ich möglichst schnell auch laufen, aber es war ziemlich Andrang. Und schon lief Claudia und ich stellte mich sogleich hin, um nach ihr zu laufen. Ich war mehr als bereit; stand da, ein paar Sekunden, mit erhobenen Armen und lief. Ohne Angst, einfach so. Und schon war ich am anderen Ende! Hurra! Ein Jubelschrei der Befreiung!

GRENZENLOS! Und ich reihte mich wieder ein, um bei den andern Läufern zu singen und klatschen. Jeder wurde von der Gruppe so schön unterstützt. Und dann waren ALLE gelaufen und dann kam die „stille Runde", wo man nochmals laufen durfte für jemanden oder für etwas, wenn man dies wünschte. Claudia und Mirjam liefen für ihre neue Schule. Da kam Dunja und wollte mit mir laufen und wir liefen, während ich sprach „für Liebe, Harmonie und Frieden für alle Lebewesen auf Erden". Und dann lief ich noch mit Claudia, auf ihren Vorschlag „für offene Herzen"! Es war tief berührend, wie viele nochmals liefen und wie liebevoll sie dies taten für andere Menschen. Dunja lief auch noch für ihren Hund. Und eine ganze Gruppe lief für ihren Chef, der auch da war und mitmachte.

Dann wies uns Lydia an, Socken und Schuhe wieder anzuziehen und das nachschauen, ob die Füsse Spuren bekommen hätten, für zuhause aufzusparen. Ich war froh, denn ich hatte kalte Füsse, aber dann in den Schuhen fühlte es sich für eine Weile brennend heiss an. Wie wohl meine Füsse aussahen?

Lydia: und jetzt habe ich Hunger! In Harassen hatten wir alles mitgenommen, Suppe in 2 Töpfen, die jetzt auf der Glut warm gemacht wurde. Brot, Eier, Käse, Tomaten, Aepfel, Tee. Ich spendete Gebäck.

Ich trank mit Dunja all mein Wasser leer. Ich war so glücklich und voller Freude! Einmal stiess ich einen Urschrei aus, worauf ein netter junger Mann sagte, ich (ältere Frau) sei wirklich cool und ob wir mal zusammen in den Ausgang gehen sollten….. und Claudia rief mir zu „Hey, das musst du sofort annehmen!" Und die andern freuten sich, wie ich, die aber nicht so ganz verstand, was ihr geschah.

Schliesslich brachen wir auf; räumten alles zusammen und schritten wieder durch die Wiese zu unseren Autos zurück. Lydia wurde es gedankt, uns eine so wundervolle, kraftvolle Erfahrung bereitet zu haben.

Schöner hätte sie es nicht gestalten können, mit ihrer Naturverbundenheit, ihrer Echtheit, Ehrlichkeit, Herzlichkeit und Spontanität.

Zuhause angekommen, fallen Blätter aus meinen Socken und die Füsse sind schwarz von Russ und Erde. Aber keine Blase! Ein Wunder!

Ich dusche um Mitternacht! Hoffentlich stört das meine Nachbarn nicht!

Lange lag ich nachher noch wach im Bett, voller Glück und unbändiger Freude und einem Gefühl der grenzenlosen Freiheit! Dann schlief ich himmlisch!

Das Beste, was mir passieren konnte, dieser Feuerlauf und ich war Claudia tief dankbar, mich indirekt dazu angespornt zu haben. Der Feuerlauf hat mir geholfen, über meine bisherige vertraute Sichtweise, was möglich ist und was nicht, hinauszuwachsen und unsere unbegrenzten Möglichkeiten zu sehen.

Grenzen sprengen
Vertrauen
Das Neue wagen
Heilung
an mich glauben
das innere Feuer neu entfachen

All dies hatte ich mir gewünscht und wie es schien, war all dies bereits sofort eingetreten!

Zweieinhalb Jahre später wiederholte ich den Feuerlauf, zusammen mit denselben zwei Freundinnen. Dieses Mal war es anders. Ich wusste schon im voraus, dass es für mich möglich sein müsste und erinnerte mich, dass es letztes Mal allen Teilnehmern gelungen war, übers Feuer zu laufen und dass offenbar keine schlimmen Verbrennungen zu beklagen waren. Aber man weiss ja nie….

Ich wollte erneut diese unglaublich Kraft spendende und befreiende Erfahrung machen, meine Grenzen zu sprengen. Ich wollte die Zweifel, die in meinem Leben immer wieder auftauchen und an mir nagen, auflösen und Vertrauen schaffen, noch mehr Vertrauen. Seit Jahren hatten mich diese Selbstzweifel immer wieder eingeholt, und mich in meiner Kreativität gebremst. Ich wollte auch die Illusion der Trennung auflösen und verspüren, dass wir verbunden sind mit allem was ist. Was ich längst weiss, aber woran ich noch ab und zu zweifelte.

Und es ward anders als das erste Mal, da ja auch die Gruppe anders zusammengesetzt war. Doch für mich selber war es noch tiefgründiger und besonnener als beim ersten Mal. Angst hatte ich "nur" in den wenigen Wochen vor dem Anlass, nachdem ich mich angemeldet hatte. Am Tag des Feuerlaufes, als es dann losging, war bei mir nur noch Freude und Eintauchen in das Ritual. Es war die Nacht vor Allerheiligen. Während das Feuer hoch loderte, stoben die Funken hoch hinauf in den nächtlichen Himmel, fast bis zu den Kronen der alten Buchen. Feuersalamander und Glühwürmchen schwirrten durch die Luft und Hunderte gelbe und braune Blätter der Buchen tanzten wie ein Goldregen auf uns nieder. Was für eine wundervolle Verheissung! Es war wunderschön und ich genoss mit allen andern dankbar jeden einzelnen Moment.

Während der Meditation hatte ich sehr deutliche und klare Bilder. Zuerst war ich in helles Licht in Gelb und Violett getränkt. Dann wurde es dunkel; ich sah ein einsames Ruderboot am Ufer eines Sees. Meine Aufgabe war, im Boot allein den kleinen See zu überqueren, und dies bei dunkler Nacht. Ich wagte es und stieg ein. Sogleich wurde es um mich herum gleissend hell und eine ganze Schar wunderbarer Geistwesen hatten an Bord des Bootes und darum herum Platz genommen. Ich fühlte mich unendlich beschützt, geborgen und unterstützt und meine Aufgabe war nun spielend leicht. Dann war ich plötzlich an einem ganz andern Ort und dort war es paradiesisch. Ich hörte viel Wasser rauschen, als ob es Wasserfälle gäbe und es wuchs eine vielseitige, farbige, wunderbare üppige Vegetation mit Palmen, Blumen, Sträucher, Bäumen mit Früchten und viel Licht. Es war einfach perfekt und ich durfte dort sein.

Dann wurden wir von Lydia mit der Trommel aus der Meditation zurückgerufen. Nach dieser Meditation war für mich der Lauf über die glühenden Kohlen leicht. Ich war vor allem tief dankbar für die Botschaft, wonach ich die Dunkelheit allein durchbrechen musste, damit es paradiesisch werde in meinem Leben, aber dass es mir gezeigt hatte, dass ich es schaffte!

Von kleinen Wundern zu grossen Wundern

„Der Mensch wird einst erkennen, dass das wirkliche Tor zum Himmel sein eigenes Bewusstsein ist."
(Baird T. Spalding)

Von meinen Freunden erfuhr ich im Laufe der Zeit vom Buch von Baird T. Spalding, wo er die Erlebnisse seines mehrjährigen Forschungsaufenthaltes Ende des 19. Jahrhunderts bei den grossen Meistern des Himalayas schilderte. Ich verschlang das Buch und war völlig fasziniert von den wundersamen Begabungen dieser Meister, welche mehrere Jahrhunderte alt wurden, auf dem Wasser wandeln, durch Flammen gehen, sich dematerialisieren und eine Menge andere Dinge tun konnten, die wir als Wunder betrachten und nur jemandem zutrauen, der übernatürliche Kräfte besitzt. Freilich war nicht das sterbliche Selbst in ihnen in der Lage, diese Dinge zu tun, sondern das Göttliche, Allmächtige in ihnen, durch welches die grosse Liebe Gottes wirkte. Spalding hält fest, dass eine auffallende Ähnlichkeit zwischen jenen Meistern und dem Leben von Jesus von Nazareth bestand. Und er hoffte, dass diese Meister und Lehrer zu uns gekommen waren, damit wir einsehen lernen, dass alle menschlichen Beschränkungen nur von Menschen gemacht worden sind und dass dieser Christus, diese vollkommene Kraft, in jedem von uns lebt und dass auch wir imstande wären, solche Dinge zu vollbringen, wenn wir die Lehren Christus befolgen würden.

LICHT VERBREITEN

Zur Zeit der Wintersonnenwende hatte ich einmal die Idee, an diesem kürzesten Tag und der längsten Nacht den Menschen Licht zu bringen, weil so viele Menschen zu dieser Zeit traurig und während der Weihnachtszeit speziell verletzlich sind. Da kam ich auf die Idee, auf dem Dorfplatz, da wo der grosse Weihnachtsbaum jeweils steht, Kerzen an die Passanten zu verteilen. Ein Unterfangen, das Mut braucht, zumal mich dort die Menschen kannten und ich kein Mensch bin, der für irgendwelche Aktionen auf der Strasse steht. Ich bat daher um Unterstützung bei den Frauen, die meine Workshops besuchten und einige waren begeistert, mitzumachen. Das Resultat war höchst erfreulich und berührend! Manche Passanten dachten, wir wollten Geld sammeln und waren sehr erstaunt, dass wir dies ablehnten und ihnen einfach eine kleine Freude bereiten wollten. Da war eine junge Frau im Rollstuhl, die von einer älteren Frau geführt wurde. Sie blieb lange Zeit dort und lauschte der Weihnachtsmusik, die ich in Form von CDs mitgebracht hatte, und sie freute sich sehr! Ein Mann sagte, er habe gerade seine Kündigung bekommen und die Kerze sei ihm ein kleiner Trost! Ein Lastwagenchauffeur bat mich auch um eine Kerze für seinen Mitfahrer, der sei auch allein und er bedankte sich für meine guten Wünsche. Anschliessend trafen wir Frauen uns im Café und tauschten das Erlebte aus und da stieg die Freude beim Schildern der verschiedenen Erfahrungen nochmals empor. Und eine der doch scheusten Frauen verteilte nachher noch Kerzen in ihrem Quartier! Der so kleine Anlass hat für uns alle so viel bewirkt, dass ich die Aktion in den nächsten Jahren wiederholte. Kleine Wunder, die im Jetzt wirken.

Resolutionen zu Neuen Jahr

Diese Resolutionen fasste ich für mich anfangs Januar 2015, nach einem 5 tägigen Meditations- und Schweigekurs am Mondsee. Solche Resolutionen geraten zwar bekanntlich im Laufe des Jahres öfters in Vergessenheit. Trotzdem könnten sie vielleicht den einen oder andern unterstützen:

- Ich brauche mehr Disziplin
- Mich nicht verzetteln und nicht dauernd von etwas ablenken lassen
- Wenn ich etwas anfange, führe ich es zu Ende
- Ich denke, bevor ich handle und dann handle ich nach dieser Struktur
- Ich notiere mir jeden Tag, was ich bewältigen will. Checkheft mit genüsslichem Abstreichen von allem was erledigt ist
- Ich urteile nicht, bewerte nicht
- Ich lasse mein Herz sprechen und nicht meinen Verstand
- Ich engagiere mich mit aller Kraft für meine Vorhaben, aber ich erzwinge nichts mit Gewalt. Wenn es sein soll, wird es mir von selbst zufallen

Als ich nach diesem Seminar nachhause kam, hatte das Orangenbäumchen in meiner Wohnung etwa 30 Knospen oder Blüten und duftete wunderbar! Die Liebe war übertragen worden und brachte auch das Bäumchen zum Blühen!

Wenn es uns über längere Zeit schlecht geht, ist es also hilfreich, unsere Gedankenformen zu hinterfragen und negative Gefühle auszulöschen.

Häufig glauben wir, dass diese negativen Gefühle durch äussere Ereignisse ausgelöst wurden. In Wirklichkeit entstehen die Gefühle nicht durch das äussere Ereignis, sondern durch **unsere innere Einstellung** dazu.

In Meditationen und Träumen können wir um Hinweise und Führung bitten und durch positive Affirmationen unterstützen wir unsere Neuprogrammierung. Und immer sind aufkommende **Freude** und **viel Energie** Zeichen dafür, dass wir auf dem richtigen Weg sind.

Mit dem Gefühl bedingungsloser Liebe können alle Kräfte entfaltet werden.

3 *Heilung*

In meinem Leben hatte ich mir meinen Traum erfüllt, unabhängig zu sein, fremde Länder und Kulturen kennen zu lernen und eine beachtliche Karriere war mir gelungen. Doch durch die anspruchsvolle Tätigkeit hatte ich jahrzehntelang Raubbau an meiner Gesundheit getrieben, hatte im Stress die Schmerzen einfach unterdrückt und nur die Symptome bekämpft.

Bei meiner Pensionierung reagierte dann mein Körper mit Schmerzen und Steifheit auf die eingetretene Entspannung und ich war nicht in der Lage, körperlich so aktiv zu sein, wie ich dies erhofft hatte. Auf die Skier wagte ich mich anfänglich kaum und die Knies und der Rücken schmerzten danach tagelang. Selbst leichte Wanderungen brachten Schmerzen mit steifen Gliedern und der Ischias plagte mich. So hatte ich mir das nicht vorgestellt.

Die Gesellschaft nennt den Lebensabschnitt, in den ich eingetreten war „Ruhestand". Von Ruhen war ich indessen weit entfernt: Ich hatte viel Nachholbedarf für alles, wofür während meines Berufslebens die Zeit kaum je gereicht hatte. Da ging es nicht nur um Sport. Seit langem hatte ich mich mit Themen wie Menschenkenntnis, praktische Psychologie, Lebensphilosophie, Spiritualität befasst, und nun wollte ich mich weiterentwickeln, alte Muster und Blockaden auflösen und hoffte so auf Heilung und persönlichen Fortschritt.

Der spirituelle Weg, den ich seither einschlug, hat mir wunderbare multidimensionale Erfahrungen und ein höheres

Bewusstsein und damit eine völlig neue, wertvolle Lebensqualität gebracht. Das stetige Arbeiten an mir selbst zu meiner inneren Weiterentwicklung, die jahrelangen Ausbildungen in Heilen, Sensitivität, Medialität, Trance, Lichtbahnen-Therapie und zahlreiche spirituelle Seminare und Workshops bei z.t. international bekannten Meistern und Lehrern erlaubten mir in der Folge, selber zur Heilerin und Kursleiterin zu werden und meine Welt- und Lebenserfahrung in Beratungen für Einzelpersonen weiterzugeben.

Durch die Reinigung von Körper und Geist geschah in dieser Zeit für mich eine wundersame Heilung, ausgelöst auf physischer Ebene durch eine Spontanheilung nach meinem ersten gehaltenen Workshop. Nach dieser Spontanheilung fühlten sich meine Lenden und mein Rücken viel leichter an und die Schmerzen waren weg. Wohl waren nicht alle meine körperlichen Beschwerden definitiv aus dem Wege geschafft, doch nach diesem wundersamen Ereignis erfuhr ich in den darauf folgenden Jahren viel Heilung auf physischer Ebene.

Alles ist möglich, wenn wir daran glauben!

In meinem Fall bedeutete es jetzt Heilung oder wenigstens Linderung der körperlichen Einschränkungen und Schmerzen, die seit Jahrzehnten bestanden hatten und die ich für unabänderlich hielt. Und genauso ist es möglich, dass ich den Impuls zur Heilung weitergebe an Andere und dass andere sich selbst heilen. Immer wieder erfüllt mich eine unendliche Dankbarkeit für alles, was in dieser Zeit mit mir geschah. Und ich wusste, dass es noch lange nicht zu Ende war. Gelassen erwartete ich, was da noch kommen sollte, gespannt auf alles, was da „noch in mir drin" sass.

Ich war einfach offen und bereit zu empfangen und ich musste nichts tun. Ich brauchte nicht mehr am Vergangenen zu haften; die Vergangenheit war vorbei. Es war der Anfang eines neuen Lebens, einer neuen Vision. Vieles musste ich loslassen und mich lösen von jenem, was zu Ende war. Ich brauchte diese unnötige Last nicht mehr mit mir herumzuschleppen, doch loslassen war sehr schwierig. Es kann so an dir kleben, als wärst du es. Dabei sind wir natürlich nicht unsere Vergangenheit!

Die ersten Jahre nach der Pensionierung half der Bauchtanz viel mit zum Lockern und Lösen. Ich hatte Lust, diesen orientalischen Tanz zu tanzen und als ein Kurs für Seniorinnen ausgeschrieben war, meldete ich mich. Die kleine Gruppe der Teilnehmerinnen löste sich aber bald auf und die Lehrerin ermunterte mich, doch bei den „Jüngeren" mitzumachen, was ich mich selber wohl kaum getraut hätte. Aber dort hatte ich viel Spass und wir waren eine tolle Gruppe. Obwohl ich mir beim Tanzen oft linkisch vorkam, hatte ich meistens viel Freude und durch die vielschichtigen Bewegungen lockerte sich mein Körper allmählich. Und als das 10-jährige Jubiläum der Tanzschule gefeiert wurde und die Schülerinnen auf der grossen Bühne vor mehreren Hundert Zuschauern tanzten, präsentierte ich sogar die Schau!

Die Heilkraft des Meeres

An meinem letzten Einsatzort im Beruf auf Zypern unterhielt ich noch eine Wohnung, wo ich ursprünglich geplant hatte, ein paar Monate im Jahr zu verbringen. Durch den neuen Weg, den ich nach der Pensionierung beschritt, veränderten sich aber für mich die Prioritäten. Mein Interessezentrum war nun in der Schweiz, denn Zypern bot die Kurse, Workshops und Ausbildungen nicht, die ich belegen wollte. So war Zypern nach meiner Pensionierung einfach jeweils für ein paar Wochen mein Ferienparadies. Während etlichen Jahren weilte ich stets im Frühling und Herbst auf der Insel, um Meer und Sonne zu geniessen und alte Freunde zu treffen. Am glücklichsten war ich stets im warmen Meer, weit entfernt des Strandes, und weit weg der Touristen, wo ich völlig entspannt und gelöst den Bojen entlang dahinschwamm. Mit Liebe und Frieden in meiner Seele liess ich mich genüsslich treiben in diesem besonders warmen, sauberen und ruhigen Meer und spürte dabei, wie das kostbare Nass meine Blockaden auflöste. Wasser ist ein wunderbarer Informationsträger und gibt seine Energie und Informationen an den Menschen ab. Ich fühlte mich eins mit dem Ozean, konnte vertrauen und loslassen und die Heilung spüren. Es schien jeweils fast so, als ob sich mein ganzer Körper auflösen würde. Ein Austausch von Energien, mit welchen ich mich dort geborgen fühlte wie vielleicht vor der Geburt im Mutterleib. Ein unbeschreibliches Gefühl des Glücks, der Geborgenheit, Liebe und Frieden, die das Meer mit Entspannung und Heilung beantwortete. Ein Wunder!

Das nachfolgende Gedicht entstand dort vor einigen Jahren und ist wie ein Hauch des Gefühls des unsagbaren Glücks, das ich in diesem Ozean während langer Zeit empfand.

Eins mit dem Ozean
Der junge Morgen hell und rein
das glitzernde Licht auf dem Meeresgrund.
Ein fliessendes Spiel in Regenbogenfarben.
Und zieht sich dahin bis in die dunkle Weite des Meeres
in strahlendem Kobaltblau.
Sanft umspielt mich jeder Sonnenstrahl,
durchdringt jede meiner Zellen heilend, erquickend
und wohlig warm.
Noch sengt nicht die brennende Hitze durch Mark und Bein,
noch ist es ruhig und friedlich in der Bucht
noch ist das Meer wie mein.
Schwerelos gleite ich auf den zarten Rillen
gebe mich wohlig hin dem warmen Nass.
Wie eine Hülle für meinen Körper nimmt es mich liebevoll auf.
Die Seele ruht; sie ist daheim.
Weit weg sind Raum und Zeit.
Ich versinke in Geborgenheit

Die wundersame Erneuerung meines Körpers

Heilung geschah in dieser Zeit für mich auf vielen Ebenen und jene auf physischer Ebene gestaltete sich in den folgenden Jahren für mich sehr sonderbar, weshalb ich dies hier schildern möchte.

Täglich regten sich in meinem Körper ungewöhnliche Phänomene und oft wusste ich nicht, wie diese einzuordnen waren. In mir arbeitete eine machtvolle Energie, die sich in zum

Teil heftigen Reaktionen und Wirkungen im ganzen Körper äusserte und sich auf mehrere Jahre erstreckte.

Vieles, das ich meinem Körper im Laufe der Jahrzehnte „aufgeladen" hatte, erfuhr eine Auflösung, nachdem ich die Blockaden auf seelischer Ebene gelöst und meinen Geist geläutert hatte. Dabei förderte und unterstützte die Geistige Welt diesen Prozess immer intensiver, je enger meine Verbindung zu den feinstofflichen Geistwesen sich entwickelte.

Heilsession nach einer Engel-Meditation:
Es löst und löste und löste... und ich fragte mich: wie viele Schichten habe ich bloss? Während ich so da lag, geschahen Auflösungen von vielen Verspannungen, meist an der rechten Fuss-Sohle und am rechten Bein, in welchem es ab und zu knackte und dann war es entspannt, aber auch in den Zehen des linken Fusses, an der Hüfte und dann wieder im Kreuz und immer wieder dieses Knistern im Nacken. Und manchmal sah ich mit dem inneren Auge schöne Farben und in einem Schauer, der durch meinen Körper lief, löste sich der Nacken. Immer mehr fragte ich mich, wie eigentlich dieses Lösen von Blockaden vereinbar war mit meiner früheren Operation der Lendenwirbel? Auf der Verstandesebene gibt es wohl dafür keine Erklärung. Immer wieder diese „Entladungen" im Bein und dann knackte es im Rücken. Hinterher fühlte ich dann manchmal im Kreuz und im Rücken eine ungewöhnliche Leichtigkeit, und alle Schmerzen waren weg! Manchmal brannten und surrten die Hände und Arme und es löste in den Hüften und kribbelte auch schon am oberen Rücken, den ich jahrzehntelang gar nicht gespürt hatte, wenn er nicht gerade schmerzte.

Wenn in früheren Zeiten die Lehrerin im Yoga uns manchmal angewiesen hatte, wir sollten „in den Rücken atmen" hatte ich damals jeweils keine Ahnung gehabt, auf welche Weise ich dies machen sollte, weil ich doch den Rücken nur dort spürte, wo er schmerzte.

Als ich einmal die Osho- Karte „Blitz" zog, dachte ich, dass dies eigentlich gut demonstrierte, was in meinem Körper ablief. Denn dieser fühlte sich oft feurig heiss an und plötzlich durchzuckte es den ganzen Körper, es fühlte sich wie ein angenehmer Schauer durch den ganzen Leib und Entspannung stellte sich ein. Manchmal zitterte ich am ganzen Körper und konnte das nicht einstellen. Einmal fühlte ich einen starken Druck im linken Arm, als ob man ihn aufpumpen würde, dann löste sich alles und gleichzeitig knackte es in den Knien und in den Oberschenkeln. Nachher verspürte ich stets eine grosse Befreiung und Leichtigkeit. Häufig dauerte diese Phase stundenlang und ich gab mich dem einfach hin und liess die Energien wirken.

Manchmal fühlte es sich an, als werde mein ganzer Körper geschröpft oder er habe sich in eine Brausetablette verwandelt... Der ganze Körper fühlte sich zuweilen wie ausgeweitet an, wie von etwas Verklebtem befreit. Oder es fühlte sich an wie eine Behandlung mit Akupunktur-Nadeln und es kam zu vielen Entladungen und Zuckungen. Und dann hatte ich jeweils ein ganz anderes, leichtes Körpergefühl. Mit der Zeit gelangte die Bewegung immer mehr aufwärts auf der Rückenseite meines Körpers, hinauf die Wirbelsäule entlang, bis in den Nacken und Hinterkopf bis zu den Ohren und auch dort arbeitete es.

Zuweilen fragte ich mich: „Ist es nun wirklich so, dass ich von allem gereinigt werde und einen makellosen Körper bekomme?" Jedenfalls konzentrierte ich mich immer auf die Regenerierung des ganzen Körpers und stellte mir vor, wie er wie ein Jungbrunnen aus dieser Phase hervorgehen würde.

Als ich mal wieder beim Kinesiologen war, der mir half, Blockaden und alte Verletzungen aufzulösen, schilderte ich ihm kurz, was in meinem Körper seit langem ablief und er freute sich und sagte, das sei erwünscht. Der Körper reagiere halt zuletzt. Viele meiner Blockaden seien gelöst, emotionell und mental, aber jetzt müsse der Körper das noch verarbeiten, die Energie säubern. Das könne monatelange dauern, bis zu einem Jahr, meinte er. Diese Phänomene seien durchaus bekannt bei andern Patienten der Kinesiologie und Tausende seien schon geheilt worden und ihre steifen Gelenke wieder voll funktionsfähig. Nein, „machen" müsse ich es nicht, hingegen „geschehen lassen". Nicht die „Macherin" sein, sondern einfach empfangen!

Lerne Entspannung, und nicht Strategien für die Eroberung der Welt!

Es dauerte aber weit länger als ein Jahr. Immer wieder fanden diese „Heilungs-Sessionen" statt und es fühlte sich zuweilen wie Nadelstiche am Gesäss und manchmal am Oberschenkel, dann wieder Lösen von Spannungen. Ich lag jeweils einfach auf dem Rücken und manchmal sang ich das OM. Manchmal Klemmen am Oberschenkel und Brennen an verschiedenen Orten. Es wurde stets intensiver und zuweilen auch etwas schmerzhaft. Offensichtlich immer wieder alte Blockaden, die sich auflösten. Es war wunderbar (bar eines Wunders) und ich war Immer tief dankbar für die Geschenke.

An der Wirbelsäule spürte ich manchmal wie einen Knoten, wo es noch stockte, wo noch Ablagerungen waren und dieser Knoten rutschte kontinuierlich etwas nach oben. Und dann fühlte sich einmal der ganze Körper wie unter Strom! Es vibrierte und schmerzte und es schien sich alles auf einmal zu „entladen". Manchmal dachte ich: wenn das bloss gut kommt!

Die Schlangenkraft Kundalini machte sich offensichtlich bemerkbar. Nachts im Bett genügte es zuweilen, wenn ich mich auf den Rücken legte, und es begann von selbst zu arbeiten! Manchmal wachte ich In der Nacht auf und Heilung geschah. Es kräuselte am Hinterkopf, manchmal brannte es oder schmerzte. Aber es wurde immer leichter im Kopf. Die Krusten schienen sich aufzulösen und die Sturheit hoffentlich auch! Wie viele Schichten gab es noch?

Ich bat Gott und seine Helfer aus der geistigen Welt, mir beizustehen, dass alles gut herauskomme. Ich wollte, dass die heilige Energie Kundalini sich emporschwingt. Jedenfalls empfand ich die Energie als heilig und wollte auch deshalb mit andern Menschen nicht darüber sprechen, wie ich auch nicht über Enthüllungen eines Engels oder inneren Lehrers spreche, gleichsam um sie nicht zu „ent-heiligen". Dabei hätte ich gerne Rat bei einer meiner Freundinnen geholt. Ihnen vertraute ich bloss an, dass ich mich derzeit vor allem auf den starken Prozess meiner physischen Heilung konzentrieren müsse, die mich sehr beanspruche und ich nahm an, dass sie wussten, wovon ich sprach.

Aber Geduld war gefragt, denn es dauerte. Doch ich war zuversichtlich, dass alles, was in Bewegung gekommen war, weitergehen und zu meinem höchsten Wohl sein würde. Ich kaufte alle Bücher über Kundalini Energie, die ich finden konnte und las immer wieder darin, um besser zu verstehen, was in mir möglicherweise vorging. Einmal besuchte ich sogar ein Medium in Basel, nur weil ich wusste, dass diese Frau lange unter der Obhut des indischen spirituellen Meisters Swami Muktananda gewesen war. Von ihr erhoffte ich mir näheren Aufschluss über die Erweckung der Schlangenkraft. Swami Muktananda war in den Achtzigerjahren einer der einflussreichsten Yoga Meister und vor allem bekannt für die Erweckung der Kundalini durch den Meister (Shaktipat). Auf meine Frage, wie lange das mit der Kundalini-Energie denn bei ihr gedauert habe, antwortete sie, sie wisse es nicht, es sei bei ihr auch noch nicht beendet.

Und so verstand ich einmal mehr, dass Geduld gefragt war. Manchmal arbeitete es bei mir vor allem am Hinterkopf und knisterte an den Ohren, die sich taub anfühlten, dann auch am oberen Teil der Wirbelsäule wo es kribbelte und sich bewegte. Und am Schluss plötzlich das Gefühl, der Hinterkopf „rinne herunter". Es knisterte und löste in der Einbuchtung des Nackens noch und noch und fühlte sich an, als ob ein Haufen verkalkter Ballast abbröckeln würde! Was für ein befreiendes Gefühl!

Währenddessen zuhause diese Phänomene vor allem auftauchten, wenn ich auf dem Rücken lag, geschah für mich ein paarmal auch während den Zirkeln und Workshops meiner Tranceausbildung viel Heilung im ganzen Körper, wo es knackte und löste, wenn ich auf dem Stuhl sass. Dort half die Geistige Welt noch intensiver mit, spürbar präsent auch durch die Unterstützung mit der Energie der andern Schüler. Danke Geistige Welt, dass Ihr da seid und heilt! Was für eine Gnade!

Doch auch während den Meditationen zuhause, wo ich jeweils auch auf einem Stuhl sass, spürte ich in dieser Zeit viel Heilung und Bewegung im Körper. Was lange währt, kommt endlich gut!

Ich dankte Gott und der Geistigen Welt innig für diese Geschenke.

Einmal hatte ich ein ganz besonderes Erlebnis in Zypern: In der Nacht vor dem Abflug zur Rückreise in die Schweiz erwachte ich plötzlich, weil ich den Weckruf meines Handys „hörte". Ich schaute auf die Uhr: 01 Uhr! Nein, aufstehen musste ich noch nicht. Es war ein innerer Weckruf zur ultimativen Heilsession! Und das auf der Insel!

Ein ganz aussergewöhnliches Gefühl im Bauch, ein wenig schmerzhaft, spürte ich eine starke Energie in mir drin. Ich legte die Hände auf den Bauch und gleichzeitig fing es an zu rumpeln und glucksen. Mit viel Geduld verharrte ich so und liess geschehen, was in mir drin vorging. Jedes Mal, wenn es gluckste, löste es sich im Körper. Es fühlte sich an, als ob der ganze Körper mit unsichtbaren Fäden verbunden wäre (das hatte ich bereits in den vorangegangenen Tagen wahrgenommen) und wenn es an einem Ort löste, so „rieselte" die Energie mit grosser Geschwindigkeit durch meine Glieder. Dann spürte ich auch mehrmals ein Brennen der Wirbelsäule entlang und am linken Schulterblatt. Immer wenn es brannte, hatte ich das Gefühl, dass es noch einen neuen Körperteil reinigte und Ablagerungen auflöste. Dann schien es, als werde mein Knochengerüst gestreckt, gebogen und zurechtgerückt. Und plötzlich das Gefühl, als ob sich der Körper ausweite! Immer wieder danke ich Gott und der Geistigen Welt innig, für die Gnade, die Heilung, die Liebe.

Es war unbeschreiblich und wieder war mir klar, dass aus medizinischer Sicht das Geschehene wohl kaum nachvollzogen werden könnte.

Aber Wunder geschehen!

Ein Wunder kann jederzeit geschehen für irgendetwas! Ein Wunder ist einfach etwas, das passiert, wofür es verstandesmässig und wissenschaftlich keine Erklärung gibt!

Heilig war es in Tat und Wahrheit, was hier mit mir geschah. Heilig wie ich heil wurde und damit auch ganz. Es war eine Metamorphose! Die Heilung, die sich schon Jahre früher inmitten des warmen Mittelmeers initiiert hatte, die jetzt am Ferienort ihren Höhepunkt erreichte und mir kundtat, dass diese Phase zu Ende ging und es Zeit für etwas Neues war!

Der Angst begegnen

Manchmal waren meine körperlichen Wahrnehmungen so völlig ungewöhnlich und eigenartig, dass ich schon etwas unruhig wurde. Doch die Schulmedizin hätte da bestimmt nicht helfen können und so machte ich einfach weiter.

Es braucht einfach Vertrauen!

Ich bat die Geistige Welt um Heilung und Schutz und wusste, dass alles gut würde. Es geschahen Dinge in meinem Körper, die ich zwar nicht erklären konnte. Aber Wahrheit ist, was

wirkt und es ging mir immer besser und ich wurde stets lockerer, wenn auch die Prozeduren manchmal mit Schmerzen verbunden waren und mich erschöpften. Am Ende war immer Entspannung und Wohlgefühl!
Und viel, viel Schlaf brauchte ich in dieser Zeit. Manchmal schlief ich bis zu 11 Stunden!

Also, höre auf deinen Körper! Das kann jeder anwenden, denn der Körper täuscht nie! Und die Geistige Welt ist so genial, dass sie sich immer dir und deinem Körper anpasst, so dass du weisst, was wahr ist! Ich hatte während meines Lebens viel, sehr viel gestaut und das wollte nun alles gesäubert werden. Angeblich begegnet uns die Schlangenkraft genau da, wo wir uns auf dem spirituellen Weg befinden und läutert uns auf passende Weise, reinigt und stärkt unser Gefäss, damit es die gewaltige Kraft halten kann, sollte sie einst ganz erwachen.

Grosse Wunder dauern zuweilen etwas länger! Aber der Durchbruch findet plötzlich statt! Viele kleine Wunder nacheinander. Im Jetzt! Im Gewahrsein des Momentes.

Und jetzt erhielt ich die Eingebung:
Alles was wichtig ist, erhältst du aus Gnade. Du kannst es nicht erreichen, nur entgegennehmen! Sei bereit!

Als ich einmal am Telefon mit meiner ehemaligen Reiki-Lehrerin erwähnte, was in meinem Körper ablief, fragte sie mich: „ wie ist es dann mit der Kundalini-Energie? "Ich war so völlig überrumpelt und überrascht, wie selbstverständlich sie das Thema anschnitt, dass ich antwortete: „ ja, die ist schon da!" Dabei wollte ich eigentlich mit niemandem darüber reden. So aber tauschten wir Erfahrungen aus und ich war jetzt fast erleichtert, dass es wenigstens jemanden gab, der mich verstand. Und wie sie mich verstehe, sagte sie und sprach auch von der Gefahr, innerlich zu verbrennen, und deshalb betonte ich, dass ich froh sei, dass es bei mir langsam gehe. Und dass ich Vertrauen hatte in Gott und das Universum, dass alles zum Besten komme!

Mit der Zeit und zunehmenden Entspannung im Körper beruhigte sich dann das Ganze wieder und die sonderbaren Phänomene tauchten nicht mehr auf, dafür war mein Körper wesentlich lockerer, gesünder und vitaler.

Es heisst in „Kundalini Shakti, die göttliche Kraft" von Swami Kripananda: „Wenn die Kundalini-Kraft im Menschen erwacht, wird er erfüllt von göttlicher Liebe, göttlicher Kraft und göttlichen Tugenden. Ob es langsam geht oder nicht, hängt vom Bisherigen ab und ist durch göttliche Vorsehung perfekt gesteuert."

Insofern kann nur Jenes geschehen, was geschehen soll und wann es geschehen soll.

Manchmal hilft es, einfach passiv zu sein; offen und empfänglich für alles was kommt. Still sein und lauschen, empfänglich sein für Intuition, Inspiration und Mitgefühl.

Heilmanta

Dieses Mantra wurde mir seinerzeit eingegeben und ich benützte es während mehreren Jahren jeden Morgen im Bett während der Heilsession der Chakra-Meditation und es wirkte Wunder:

Ds guldig wisse göttleche Liecht dürdringt jedi einzelni Zälle
Es löst alli Verspannige u Ablagerige
U alls nid Guete wo jetzt no im Körper isch einfach uuf
Es löst sech uuf, es löst sech uuf, es löst sech uuf
und transformiert
Alls wird weich, durchlässig, gschmeidig und elastisch
Dr ganzi Körper badet im göttliche Liecht
Dr ganzi Körper toucht y im göttliche Liecht
Dr ganzi Körper wird regeneriert wi ne Jungbrunne
Zu mim allerhöchschte Wohl
Körper, Geischt u Seel si eins und i Harmonie (3 x)
Danke!

Lieber Leser, wisse, dass es kaum unheilbare Krankheiten gibt und dass immer die Möglichkeit einer Heilung besteht, so wundersam sie sein möge und so schwer die Krankheit!

Niemand soll verzagen, auch nicht, falls die Aerzte erklären, die Krankheit sei unheilbar. Das Wichtigste in einer solchen Situation ist, an die Möglichkeit der Heilung zu glauben und unsere Gedanken entsprechend zu gestalten, indem wir auch selber Verantwortung übernehmen. Gedanken sind reale Kräfte! Sorge dafür, dass du sie zu deinem Wohl einsetzest.

Ich bin der Auffassung und viele lebende Beispiele haben es mir bewiesen – dass wir mit zunehmendem Alter auch nicht „automatisch" krank und gebrechlich werden müssen! Vielmehr haben wir die Möglichkeit, selber Verantwortung für uns zu übernehmen, überholte Glaubensmuster aus dem kollektiven Bewusstsein über Bord zu werfen und uns für Eigenverantwortung und Hilfe zur Selbsthilfe einzusetzen.

Vital und gesund zu sein fängt in unserem Inneren an und durch unsere positive innere Einstellung können wir Grosses bewirken. Freilich braucht es dazu Mut und geht es in vielen Fällen auch nicht ohne medizinische Behandlung. Doch dadurch, dass die innere Überzeugung des Gelingens stattfindet, durch entsprechende Affirmationen und Übungen richten wir unsere Energie auf Heilung und setzten sie damit in Gang. Die Informationen, die wir unseren Zellen einspeisen, bewirken eine entsprechende Reaktion und so fällt weniger ins Gewicht, in welcher Situation wir uns befinden, als unsere eigene innere Überzeugung und Einstellung dazu.

Wichtig ist, dass wir nicht in der Opferrolle versinken und uns auf unser vermeintliches Übel konzentrieren, sondern unsere Energie lösungsorientiert auf das Positive und auf Heilung richten. Und dass wir dazu bereit sind, Verantwortung zu übernehmen und wirklich etwas in unserem Leben zu verändern. Achte also stets auf deine Gedanken und Gefühle und ersetze negative Vorstellungen durch konstruktive und freudvolle.

Meine eigenen Erfahrungen wurden im Laufe der Jahre auch durch neue wissenschaftliche Erkenntnisse bestätigt, wonach das Denken über uns und die Welt wesentlich beeinflusst, wie sich unser Leben gestaltet und wie wir unsere Probleme lösen.

Meine Bewusstheit entscheidet, was auf mich zukommt, weil ich über mein Bewusstsein die Aktivitäten verändern kann!
Es ist inzwischen eine bekannte Tatsache, dass unser Organismus stark von unserem Gefühlsleben und unseren geistigen Handlungen beeinflusst wird.

Wie Deepak Chopra es trefflich sagte, ist unsere Gesundheit in jedem Moment die Summe aller Impulse – positiver wie negativer – die unserem Bewusstsein entströmen. Du wirst, was du denkst! Insofern war die Coué-Methode, die ich vor 25 Jahren anwendete, als ich mit angeschlagener Gesundheit aus Togo zurückkehrte, die einfachste, die jeder anwenden kann.

Diese besteht darin, täglich so oft wie nur möglich laut die positiven Affirmationen zu wiederholen „Es geht mir von Tag zu Tag in jeder Hinsicht immer besser und besser". Inzwischen wurde diese Thematik entscheidend weiter entwickelt und unter den Gesichtspunkten der Notwendigkeit von Harmonie zwischen Körper, Geist und Seele vertieft, so dass die neuer Methoden wesentlich tiefgründiger arbeiten und somit noch viel wirkungsvoller eingesetzt werden können.

Heute würde ich eher sagen „Heilung geschieht in mir; JETZT".

Nicht umsonst gilt es bekanntlich auch vorsichtig zu sein, was wir als „Bestellung ins Universum" senden, denn unsere Wünsche könnten sich verwirklichen! Auch hier gilt es, sich zuerst bewusst zu machen, was wir wirklich wollen und dann ganz spezifische Affirmationen zu sprechen.

Dabei gilt es auch in diesem Fall, Selbstverantwortung zu übernehmen und um Geduld und Durchhaltevermögen zu bitten.

Spirituelles Heilen

Ich bin fest überzeugt von der Wirksamkeit des spirituellen Heilens, das ich gelernt habe und seit vielen Jahren praktiziere und auch selber immer wieder an Körper und Seele erfahren habe, wenn ich Heilung bekommen durfte.

Solche Heilsitzungen bestehen bei mir aus einem Gespräch und Handauflegen. Beim spirituellen Heilen bin ich Kanal der göttlichen oder universellen Heilenergie, welche durch Handauflegen übertragen wird. Die Behandlungen finden in der Stille statt, während dem sich der Patient entspannen und loslassen kann. Natürlich kann nicht *ich* heilen, sondern die übertragene Energie setzt einen Selbstheilungsprozess in Gang, welcher sowohl körperlich, geistig und seelisch sein kann.

Die Liebe heilt!

Das spirituelle Heilen ersetzt nicht den Arzt (wie ich auch keine Diagnosen stelle), unterstützt aber eine ärztliche Behandlung begleitend und hilft vor allem, Veränderungen im Leben anzunehmen und positiv zu bewältigen. Es gilt also, sich bewusst zu sein, dass kein anderer Mensch uns heilen kann, sondern höchstens die Bedingungen zu unserer Selbstheilung erschaffen. Heilen können wir uns nur selber.

Wenn ich in Verbindung stehe mit Engeln, Geistführern oder andern geistigen Wesen, kann ich mich aber für jedes spezifische Thema an die dafür zuständige Geistige Führung wenden und um Hilfe bitten. Und ich darf mir dessen gewiss sein, dass sie mir gewährt wird.

Krankheiten sind aber auch Lernprozesse, und es geht darum, dass wir uns diesen Prozessen stellen. Wir können nicht einfach die Hände in den Schoss legen und die Lösung der Probleme auf Ärzte, Medikamente oder auf Gott oder sonst irgendjemanden abwälzen, sondern müssen Verantwortung übernehmen und auch an uns selber arbeiten. Sich auf die höchste universelle Schöpferkraft und die Geistige Welt zu konzentrieren und regelmässig zu meditieren ist aber zweifellos die wirksamste Art, um Körper, Geist und Seele in Einklang zu bringen.

Wir selbst sind Schöpfer unseres Daseins! Freilich wurde mir dies auch erst im Laufe meiner spirituellen Entwicklung richtig bewusst und erklärte mir einige Leiden, die ich früher erlebt hatte. Ein Beispiel dafür war eine allergische Bindehautentzündung, an der ich 1993 in Togo gelitten hatte. Dort musste ich während langer Zeit bürgerkriegsähnliche Zustände und täglichen Terror erdulden und mit ansehen, wie die Bande des Diktatoren und sein Stamm unschuldige Bürger auf grauenhafte Weise abschlachteten und drohten, die ganze Hauptstadt in Schutt und Asche zu setzen und niemand mehr irgendwo sicher war. Meine Gesundheit war schon sonst schwer angeschlagen, als die Augen-Entzündung auftrat. Während den Neujahrsfeiertagen war ich gezwungen, tage- und nächtelang mit geschlossenen Augen im verdunkelten Raum zu bleiben, so sehr brannten meine Augen. Das Leiden verschwand aber sofort und für immer, nachdem ich das Land verlassen hatte. Erst Jahre später erkannte ich, dass nebst den „äusserlichen" und durch einen Arzt diagnostizierten Ursachen der Krankheit (Allergie gegen Staub, Vermoderung usw.) mitwirkte, dass ich das Grauenhafte, das sich in Togo abspielte, einfach „nicht mehr ansehen konnte".

Die Inderin Anita Moorjani befand sich im Februar 2006 mit Krebs im Endstadium, als sie eine Nahtoderfahrung machte und anschliessend geheilt zurückkam. Seither verbreitet sie ihr Konzept in Vorträgen und öffentlichen Auftritten, das aufzeigt, wie wir durch die Macht der eigenen heilsamen Glaubenssätze unser Leben verwandeln und heilen können.

Ich las ihr Buch in französischer Sprache (« Diagnostic incurable, mais revenue guérie à la suite d'une NDE") bevor die deutsche Version „Heilung im Licht" erschien, die ich jedem empfehlen kann.

Zum Thema Quantenphysik und Quantenheilung werden mittlerweile diverse Methoden angeboten, die eine Heilung über ein höheres Bewusstsein erwirken, indem wir sehr vereinfacht gesagt die universelle Lebenskraft anzapfen und uns die Information einfach eingeben! Diese Methoden versetzen das vegetative Nervensystem in einen Zustand, in dem tiefgreifende Prozesse der Neuordnung stattfinden und somit physische und psychische Probleme aufgelöst werden können. Verschiedene Autoren füllen Bücher mit den Methoden, die jeder etwas anders benennt. Dr. Frank Kinslow beschreibt, wie Quantenheilung geschieht, wenn alle Gedanken angehalten werden und der Anwender der reinen Bewusstheit gewahr wird.

Sehr verbreitet sind in letzter Zeit die als Matrix-Heilung oder Matrix-Inform bekannten Methoden, bei welchen es auch darum geht, dass der Urzustand unserer Zellen, also die Matrix, mit der Kraft des reinen Bewusstseins und mit sanften Berührungen der Hände wieder hergestellt wird, indem eine direkte Anbindung an hohe lichtvolle Energien erfolgt.

Es wird keine Energie geschickt und im Gegensatz zum spirituellen Heilen nicht als Kanal fungiert. „Die Absicht genügt, um dem reinen Bewusstsein den Rahmen zu geben, in dem es heilen soll. Das Bewusstsein erledigt die Arbeit" (Heede/Schriewersmann, Matrix Inform, Grundlagen der Quantenheilung S.217).

Gemeinsam bei all diesen Methoden scheint mir, dass es darum geht, eine Absicht zu formulieren, dann die Gedanken anzuhalten, in die Stille zu gehen und es fliessen zu lassen, was auch beim spirituellen Heilen geschieht. Dabei ist es jedem selbst überlassen, jene Methode zu wählen, welche seinem eigenen Wesen am besten entspricht.

Dank den Entdeckungen der Quantenphysik wissen wir, dass Materie verdichtetes Licht ist. Die Mediziner der amerikanischen Ureinwohner hingegen verfügten schon seit vielen tausend Jahren über ihre Weisheitslehren; sie hatten Zugriff auf den biologischen Bauplan aus Licht und lernten Krankheiten zu heilen. Der Psychologe und medizinische Anthropologe Dr. Alberto Villoldo, der sich seit 25 Jahren mit den Heilmethoden der Inka- und Amazonasschamanen befasst, lehrt wie man „die Welt ins Dasein träumen" und – wenn sie nicht gefällt – etwas anderes erschaffen kann.

In seinem Buch „Die vier Einsichten" offenbart er die lange Zeit geheim gehaltenen Erkenntnisse der traditionellen schamanischen Kulturen, die ermöglichen, körperliche und seelische Krankheiten zu heilen. Diese erstaunlichen Lehren sind von unschätzbarem Wert und ich kann das Buch jedem empfehlen, der sein Bewusstsein erweitern will.

Die Monatszeitschrift für gesundes Leben „Natur und Heilen" berichtete in der Ausgabe 3/2017 unter dem Titel „die Macht des Geistes; das Geheimnis des Placebo-Effekts" vom amerikanischen Arzt und Neurowissenschaftler Dr. Joe Dispensa, der einen schweren Unfall erlitt, bei welchem ein Grossteil der Wirbel seines Rückgrats stark beschädigt waren und ohne Operation die Diagnose Querschnittlähmung lautete. Aber auch eine Operation hätte lebenslange Behinderung und starke Schmerzen mit sich gebracht.

Gemäss dem Bericht entschied sich Dr. Dispensa gegen eine Operation und dafür, der in uns allen wohnenden Intelligenz zu vertrauen und sich auf die Selbstheilungskräfte seines Körpers zu fokussieren. Er beschreibt, wie er sich täglich zwei Stunden lang das Bild einer vollständig geheilten Wirbelsäule kreierte, einen Rehabilitationsplan ausarbeitete und sich auf Gesundheit fokussierte. Zehn Wochen später habe er seinen Beruf wieder aufnehmen können, ohne OP und ohne lähmende Erscheinungen!

Wie der Neurowissenschaftler erklärt, verfügen wir alle über die Fähigkeit, uns mit der Kraft des Geistes selbst zu heilen und unseren inneren Zustand so zu verändern, dass unser ganzes Leben verwandelt wird. Sobald wir einen neuen Gedanken denken und neue Gefühle hegen, erfolgt in uns eine neurologische und chemische Veränderung und neue Gene werden aktiviert. Vertrauen ist das Schlüsselwort und tägliche Übungen, um die neue Energiefrequenz aufrechtzuerhalten und nicht wieder in die alte Angst zu verfallen.

Offenbar wagen wir einen solchen Sprung in ein neues Leben manchmal erst, nachdem wir uns in einer ernsten Lebenskrise befinden. Es ist jedoch nie zu spät!

Nehmen wir die Zügel unseres Lebens in die eigene Hand und überzeugen wir uns jederzeit davon, dass jeder Krankheitsprozess eine Rückentwicklung erleben kann und dass wir mit unseren Gedanken und Gefühlen dies wesentlich beeinflussen können. Von unserer Bewusstheit hängt es ab, was wir erreichen.

Freuen wir uns täglich an der Existenz und an den kleinen Dingen des Lebens und seien wir dankbar dafür. Das ist die beste Voraussetzung zur Heilung!

4 Geistige Welt

Wäre es nicht wunderbar, wenn wir stets jemanden an unserer Seite hätten, der weise ist und uns in jeder Situation zu unserem Besten unterstützen würde, wenn wir ihn darum bitten? Jemanden, dem es einzig um unser Wohlergehen geht?

Die gute Nachricht ist, dass wir solche geistige Führer tatsächlich haben, bloss ist das vielen Menschen nicht bewusst.

Ich habe bisher schon öfters von der Geistigen Welt gesprochen und für jene, die damit noch nicht vertraut sind, möchte ich jetzt darauf hinweisen, dass **alle** Menschen durch Geistige Helfer begleitet werden und dies ein riesiges Geschenk ist.

Mit der Geistigen Welt sind alle unsichtbaren Wesen in der nicht inkarnierten Welt gemeint, also Gott, die Engel, geistige Helfer und andere Wesen im Jenseits.

In der Spiritualität suchen wir die Verbindung mit diesen geistigen Wesen und können diese um Hilfe bitten, um dadurch unsere Lebensaufgaben besser zu bewältigen.

Da sind die Engel, die jeder kennt und je nachdem schon erfahren hat. Und das sind unsere Geistführer, Geisthelfer und andere geistige Wesenheiten, die uns in unserem Leben begleiten, beschützen und führen. Engel bringen tröstendes, liebevolles Licht in das chaotische Dunkel dieser Welt.

Während meinen Ausbildungen in Heilen, Medialität und Trance erfuhr ich die Präsenz unserer geistigen Führer und lernte, mit ihnen in Verbindung zu treten. Dadurch gelangte ich in meinem Leben zu einer völlig neuen Weltanschauung und die Liebe und Unterstützung von Engeln und Geistführern brachte mir ein neues, positives, erfülltes Leben mit Zuversicht und wertvoller inneren Führung.

Jeder kann Kontakt mit seinem Schutzengel aufnehmen. Jeder Mensch hat seinen eigenen Schutzengel von der Geburt bis zum Tod, also bis zum Übergang ins Jenseits. Dieser Schutzengel ist nur für dich allein zuständig und hilft dir, deinen eigenen Lebensplan zu erfüllen. Der Schutzengel wird dir nicht die notwendigen Lernprozesse abnehmen, aber du kannst ihn jederzeit um Hilfe bitten und er wird dir Heilung bringen, dir die lichtvollen Möglichkeiten zeigen und dich liebevoll unterstützen.

Dagegen können wir mehrere Geistführer haben, die uns nur für eine gewisse Zeit begleiten und für etwas Spezifisches in unserem Leben zuständig sind, z.B. für unsere spirituelle Entwicklung, für Inspiration in unseren Talenten, oder für handwerkliche Belange oder was auch immer wir benötigen. Geistführer wirken für uns wie ältere, weise Ratgeber oder Spezialisten und wollen nicht für jede Belanglosigkeit beansprucht werden. Wir müssen sie aber auch um ihre Hilfe bitten, denn es gilt das Gesetz des freien Willens. Und dann, je nach unserer Entwicklung und unseren Bedürfnissen, kommen später wieder andere Geistwesen, um uns zu unterstützen.

Engel und Geistführer können richtige Freunde werden! Als

erstes musst du sie aber zu dir einladen, am besten in Meditationen oder inneren Reisen.

Nicht mit dem Verstand kannst du die Engel und andern Geistwesen finden und verstehen, sondern intuitiv als tiefe Erkenntnis oder mystische Erfahrung. Der Kontakt zu ihnen braucht das Sehen aus dem Herzen heraus. Innere Sinne können trainiert werden und deine Wahrnehmungsfähigkeit entwickelt. Dazu ist es notwendig, in einem entspannten Zustand, geistig wach und aufnahmefähig sein. Versuche, keine Erwartungen zu haben. Engel können in jeder Form auftreten, die unsere Fantasie zulässt und die Wahrnehmung ist für jeden Menschen etwas anders. Sie brauchen nicht unbedingt in der bekannten Form als lichtvolle Gestalt mit Flügeln zu erscheinen. Vielleicht nimmst du ein Kribbeln irgendwo im Körper wahr, oder eine plötzliche Wärme oder eine ganz subtile sanfte Berührung oder vielleicht hast du eine Erscheinung in Farben, als Klang oder Geruch oder ein funkelndes Licht. Habe Geduld und entmutige dich nicht, wenn es nicht gleich beim ersten Mal geschieht. Die Verbindung wird sich mit zunehmendem Vertrauen entfalten.

Wie wissen wir denn, dass wir wirklich mit der Geistigen Welt verbunden sind und uns dies nicht nur einbilden? Wer nur an eine rational begründete Welt glaubt, wird die Existenz des Irrationalen, des Geistigen ablehnen. Die Spiritualität öffnet uns aber Wege zu diesen Bereichen durch die Intuition, die Sensitivität, die Sprache des Herzens. Jeder Mensch ist mit dieser Begabung geboren und bei Kindern wird sie häufig festgestellt. Durch den Einfluss unserer Gesellschaft, die sich nur auf die Rationalität beschränkt, verkümmert diese Begabung meistens im Laufe unseres Lebens.

Sie kann aber neu trainiert und die Verbindung mit der Geistigen Welt wieder gelebt werden, was unsere Bewusstheit fördert, so dass wir das Leben wesentlich leichter meistern.

Wie heisst dein Schutzengel?

Du kannst deinen Schutzengel nach seinem Namen fragen. Das wird ihn dir noch viel näher bringen und Eure Verbindung vertiefen.

Ich fragte eines Tages meinen Schutzengel nach seinem/ihrem Namen. Und Innerlich hörte ich sogleich einen Namen. Und das fühlte sich sehr schön an! Trotzdem fragte ich nochmals nach (ich wollte sicher sein) und sogleich ging ein fröstelnder wunderbarer Schauer durch meinen ganzen Körper. Wenn das nicht eine Antwort war!

Vielleicht möchtest du nachschlagen, was die Bedeutung dieses Namens ist. Mir hat dies einen besonderen Höhenflug beschert! Durch die Visualisierung deines Schutzengels können in dir viele wunderbare Gefühle entstehen, durch welche du wiederum Wunder bewirken kannst. Was bringt er für eine Qualität, was für ein Gefühl, was für Farben und Stimmungen? Was für einen Duft? Lass dich inspirieren und erlebe die Wohltat dieser Erfahrung, das Vertrauen und den Mut, die er dir bringt.

Frühmorgens beim Erwachen, solange wir die Augen geschlossen halten, sind wir jeweils in einem Geisteszustand, welcher unserem höheren Selbst am nahesten ist. Es ist daher eine gute Idee, noch etwas in diesem Zustand zu verweilen und einige schöne Gedanken und Gefühle zu hegen, welche dann den Tagesablauf positiv beeinflussen können. Vielleicht ist dir dann noch ein Wesen aus der Geistigen Welt aus dem Schlaf gegenwärtig und so kannst du diesen Eindruck, dieses Gefühl noch besser verinnerlichen, bevor du es vergessen hast.

Mir ist es etliche Male geschehen, im Schlafzimmer frühmorgens den Duft des Jasmins zu riechen, den ich über alles liebe. Das ging so lange, bis ich erkannte, dass sich eine meiner Geistführerinnen so bei mir manifestiert. Ist das nicht wunderbar?

Es zeigt sich immer wieder, wie genial die Geistige Welt ist, manifestiert sie sich doch so wie wir sie am ehesten wahrnehmen und akzeptieren können. Geistwesen nähern sich mir gerne mit einem Duft, da ich eine sehr empfindsame Nase habe und Düfte mag. Vielleicht kannst du sie also noch nicht sehen, aber riechen oder fühlen. Eines der ersten Geistwesen, die sich bei mir manifestierte, tat dies immer mit Wärme und das ist bis heute so, wodurch ich sofort weiss, wer da ist.

Wie zu deinem Schutzengel kannst du auch mit Geistführern und Geisthelfern eine persönliche Beziehung herstellen, indem du auch sie nach ihrem Namen fragst, anstatt nur zu sagen: aha, das ist der Indianer oder der Weise, die Künstlerin oder die Kräuterfrau usw. Auf diese Art gewinnst du mehr Nähe und Vertrauen zu ihnen und ihre Hilfe und Unterstützung wird wirksamer. Ich habe mehrere Geistführer, die ich als ganz verschiedene Persönlichkeiten wahrnehme, deren Namen ich kenne und jeder von ihnen ist für ein spezielles Thema zuständig, bei welchem ich Hilfe brauche.

Manchmal kommt es vor, dass es ein lieber Verstorbener aus dem Angehörigenkreis ist, der sich bei dir meldet und dich als eine Art Geisthelfer unterstützen möchte und dann erkennst du ihn ja und weisst auch seinen Namen. Möglicherweise wird er Kontakt mit dir knüpfen, indem er sich dir zuerst im Traum zeigt oder du sonst plötzlich intensiv an ihn denkst. Stimme dich darauf ein und sei offen für das, was er dir zu sagen hat.

Meine Mutter war eines der ersten Geistwesen, die sich mir näherte und dies war eine umso freudigere Erfahrung, als ich die Mutter früh verloren und sie während meines ganzen Lebens vermisst hatte. Ihr Besuch für mich aus der Geistigen Welt geschah vor bald 15 Jahren, eine unvergessliche Erfahrung und in der Folge half sie mir jahrelang beim Heilen. Durch diese Arbeit mit mir ist sie in eine höhere Sphäre aufgestiegen, sie fühlt sich jetzt etwas weiter weg an und ich nehme sie seltener wahr. Aber jedes Mal, wenn etwas ganz Neues, eine neue Phase in meinem Leben eintritt und ich es vielleicht ein wenig schwierig finde, ist sie wieder ganz nah bei mir. Das verleiht mir eine tiefe Geborgenheit und Vertrauen, dass alles gut geht.

Wer noch keine Erfahrung mit Geistwesen hat, wendet sich am besten an ein kompetentes Medium oder arbeitet in einem Seminar unter der Führung eines medialen Lehrers. Dort lernt man auch, zu entspannen, die Gedanken zur Ruhe zu bringen, die Stille zu finden, die Wahrnehmung zu trainieren und zu unterscheiden, welche Stimme von uns selbst kommt und welche von einem geistigen Helfer. So kann man auch im Austausch mit den andern Teilnehmern wertvolle Erfahrungen sammeln.

Trance und die Geistige Welt

In der Trance, also in einem Zustand veränderten Bewusstseins (eine besonders tiefe Meditation) geht es darum, die Geistige Welt ganz besonders nah zu sich kommen zu lassen. Dazu braucht es viel Vertrauen und Geduld. Für Menschen, die noch keine Erfahrungen mit der Trance haben, braucht es dazu unbedingt die Führung durch ein spezifisch ausgebildetes Medium. Am besten nimmt man an einem entsprechenden Seminar teil. Der Lohn sind Erlebnisse und Erfahrungen, die unser Herz zutiefst berühren, viel Freude und Heilung.

Beweise der geistigen Führung

Während meiner Tranceausbildung sass jeweils einer der Teilnehmer für Trance, während die andern im Dunkeln und in der Stille beobachteten, was sie wahrnehmen konnten. Mir geschah es immer wieder, dass ich nacheinander mehrere Gesichter über das Gesicht jener Person huschen sah, die gerade im Kabinett für Trance sass und also in einem veränderten Bewusstseinszustand war. Dieses Sehen kann nicht wirklich gesteuert werden, aber es tritt manchmal auf, wenn du tief versunken gleichsam auf ein Gesicht starrst, resp. hindurch siehst. Plötzlich verändert sich der Gesichtsausdruck und die Gesichtsform ganz subtil und ein anderes Wesen erscheint in deiner Wahrnehmung, das sowohl männlich oder weiblich sein kann, eben je nachdem wer dieses Geistwesen ist, das die Person überschattet. Dies übt für mich immer eine besondere Faszination aus, indem ich gleichzeitig schaue, wer da jetzt anwesend ist und vielleicht spricht (resp. die sitzende Person zum Sprechen inspiriert). Und ich erkenne, wie die Botschaft zum anwesenden Geistwesen passt, also welche Qualität das Wesen bringt z.B. Weisheit, Liebe, Güte oder Heilung. Bei keinen andern Gelegenheiten wie in der Trance erkannte ich die Gesichter von Geistwesen so deutlich. Oder doch? Vielleicht von Verstorbenen, wenn ich Kontakt hatte, aber dann doch bloss mit einem flüchtigen Blick, weil sich mein Augenmerk noch auf anderes wie Statur, Kleidung, Sprache, Charakter, Ort der Begegnung usw. richtet.

Der gegenseitige Austausch über die Wahrnehmungen im Trance Workshop zeigte jeweils, dass eine Präsenz von den Teilnehmern wohl auf ganz verschiedenste Art (durch Sehen, Fühlen, Hören, Riechen oder einfach Wissen des ganzen Geschehens) wahrgenommen wird, aber ein roter Faden gefunden werden kann.

Mir ist es auch schon geschehen, dass ich während eines öffentlichen Vortrages einer spirituellen Persönlichkeit tief versunken lausche und das Gesicht des Redners betrachte, um dann plötzlich nicht nur die lichtvolle Aura des Redners zu sehen, sondern dass dieses Gesicht auch durch ein Geistwesen überschattet ist und sich zweitweise subtil verändert. So erfüllt es mich immer wieder mit Freude und Vertrauen zu sehen, wie sehr wir durch die Geistige Welt unterstützt werden. Das ist aber nur meine eigene Wahrnehmung und jeder Mensch nimmt geistige Präsenzen auf seine eigene Weise wahr, die ganz anders sein kann.

Die Präsenz meiner eigenen Geistführer und Geisthelfer nehme ich auch auf andere Weise wahr und sie manifestieren sich mir vor allem in Meditationen, in welchen ich mich auf die Geistige Welt („Sitzen für die Geistige Welt") konzentriere, aber auch häufig in der Natur. Doch eigentlich können sie mir überall und jederzeit begegnen, wenn es meine Umstände erfordern. Ich spreche oft mit ihnen, danke ihnen täglich und bitte sie immer um Hilfe, wenn ich welche brauche. Das kann für eine wichtige Sache, z.B. innere Führung, Inspiration oder die Lösung eines Problems, aber auch eine ganz alltägliche Sache wie das Finden eines Parkplatzes oder meiner Brille sein. Das funktioniert jeweils einwandfrei.

In den letzteren Fällen beanspruche ich aber nicht ein spezifisches höheres geistiges Wesen, sondern wende mich einfach an die „Geistige Welt" und da ist stets ein Helfer präsent.

In einem Tranceworkshop nahm mich eine angehende Lehrerin während der Pause zur Seite und forderte mich auf, inspiriert zu „Harmonie" zu sprechen. Ich sagte zuerst einen Satz, der schien von mir, dann schienen die Sätze aus einer höheren Sphäre zu kommen. Ein bekanntes Gefühl, wenn „es mir spricht" wie ich es im Alltag nicht gewöhnt war. Das seien die Geistwesen, sagte sie. Sie seien mir so nah und dies schon so lange, dass es für mich ganz normal sei und ich vergeblich ausser mir suche, da sie schon „in mir" seien! Das hat mich überwältigt und mir Vertrauen verleiht, das inspirierte Sprechen weiter zu entwickeln. Und so staune ich manchmal selber, wenn ich höre, welche schönen Worte aus meinem Mund kommen.

Tief berührt war ich bei diesen Begegnungen jeweils von den liebevollen und ergreifenden Botschaften, die uns die Lehrerin und spätere Freundin Mirjam in ihrer Trancearbeit aus der Geistigen Welt übermittelte und die mir immer mehr

Vertrauen verliehen. Die Harmonie, die ich in den Trance Workshops spürte, wenn wir mit den Geistwesen arbeiteten, war unglaublich. Ich war manchmal so berührt, dass mir die Tränen die Wange herunterliefen. Da war ich daheim! Und dazu musste ich gar nichts machen! Es einfach geschehen lassen! Niemals gab es eine negative Erfahrung. Ich hatte wirklich das Gefühl, ich könne mich nach hinten lehnen und mich in diese unendliche Geborgenheit fallen lassen. Und ich tat es! Und dann geschah auch viel Heilung. Ich war allen Geistwesen, die zu mir gekommen waren, so dankbar und sehnte mich danach, noch tiefer mit ihnen verbunden zu sein. Ich merkte: Alles, was mich im Herzen tief berührt, ist das, was ich suche!

Mein grosser Wunsch war es, stets von der Gegenwart der Geistigen Welt umgeben zu sein und sie wahrnehmen zu können. Und all dies ist inzwischen längst geschehen und ich bin tief dankbar dafür.

Auch DU kannst die Freude und Geborgenheit erfahren, die sich einstellt, wenn du mit den Wesen der Geistigen Welt in Verbindung bist und du gewahr bist, wie sie dich auf deinem Weg begleiten. Heisse die Engel in deinem Leben willkommen und lausche, was sie dir zu sagen haben.

Wenn du dich bewusst auf die Geistwesen einstimmst, spürst du, wie sie heilend auf dich wirken und bist berührt von ihrer liebevollen Sanftheit. Und dann können Wunder geschehen!

Ausführliche Berichte über Erfahrungen mit der Geistigen Welt sind auch in meinem ersten Buch „Aufbruch zum Selbst", Ausgabe 2011, ISBN Nr. 978-3-941930-71-1 enthalten.

5 Natur

Die Natur bietet einen grenzenlosen Raum, um zu entspannen, Abstand vom Alltag zu gewinnen, Ruhe, Frieden und Lebensfreude zu finden. Der Aufenthalt in der Natur stärkt den Körper, erquickt den Geist und nährt die Seele. Darüber hinaus können wir in der Natur Heilung erfahren, unsere Kreativität entfalten und unser Potential entwickeln.

In der Natur können wir uns selbst begegnen und mit allen Sinnen unsere Verbundenheit erfahren mit allem was ist.

Beim Eintauchen in die Welt der Sinneseindrücke erhält unsere Wahrnehmung Zugang zur energetischen und spirituellen Dimension der Natur und wir erleben das Mystische als ganz persönliche Erfahrung.

Die Natur vermittelt uns Botschaften: Wir können mit den Bäumen und Pflanzen kommunizieren, wir können versuchen zu verstehen, was der Bach uns sagen will, wir fühlen uns ein in die Elemente der Natur. Der Duft einer Blume, der Anblick einer Landschaft, die Gischt eines Wasserfalls, das Rauschen des Windes, die Berührung eines Baumes, das Betreten eines alten Kultortes oder der erklommene Berg können heilend wirken. Jeder Mensch kann erlernen, die Qualität der Kraftfelder im eigenen Körper zu spüren und zu erfahren.

Es ist auch höchste Zeit, dass wir Menschen aufhören, die Erde auszubeuten, zu zerstören und uns gegenseitig zu bekämpfen. In achtsamer Verbindung, im gegenseitigem liebevollem Geben und Nehmen können wir zur Rettung unseres Planeten und zum Aufstieg in ein höheres Bewusstsein von Mensch und Mutter Erde beitragen.

Der Wald und die Bäume

Wenn du alle Lebensformen verehrst, wirst du lebendiger.
Ein Baum ist lebendiger als jeder Tempel und jede Kirche.

Jahrelang hatte ich jeweils meinen Fitness-Rundgang durch den Wald gemacht, ohne anzuhalten. Eines Tages begab ich mich zu einer Gruppe von Tannen und Buchen, die eine Art Kathedrale formen. In der Mitte der Waldlichtung befindet sich eine schöne Feuerstelle. Die Bäume an diesem Ort wurde in der Folge zu meinem ganz ureigenen Ort im Wald, ein Ort des Rückzugs und der Kontemplation, ein Ort wo ich mich einfühlte in die Natur mit allem was ist. Ein Ort, wo ich Trost und Heilung suchte, wenn ich verzagt oder leidend war und meine Freude und Liebe teilte, kurz: eine Wohlfühloase, wo ich mich mit allem verbunden fühlte. Niemand hatte mir die Idee dazu gegeben, es geschah ganz intuitiv.

Mit der Zeit entstand eine Art Ritual, wie ich mich den verschiedenen Bäumen näherte, sie berührte und zu ihnen sprach. Es war und ist mir stets wichtig, um Erlaubnis zum Nähertreten und Kontakt zu bitten und kundzutun, dass ich in Liebe, Achtsamkeit und Respekt komme.

Manchmal entschuldige ich mich in Gedanken auch bei der Natur für die vielfache Zerstörung durch die Menschheit und danke den Bäumen und Pflanzen mit ihren Naturgeistern, dass sie sich trotzdem so selbstlos und unermüdlich für uns und den Erhalt unseres schönen Planeten einsetzen. Diese Wertschätzung und den Dank empfinde ich bis zum heutigen Tag und drücke dies auch immer wieder aus.

Mit der Zeit begann ich, mit den Bäumen zu reden und fühlte, wie ihre Energie sich mit meiner verband. Und nachdem ich sie jeweils darum gebeten hatte, meine Aura mit ihrer zu verbinden, fühlte ich stets eine tiefe Geborgenheit. Ich war wie ein Teil vom Baum. Und wie ich mit den Bäumen und mit allen Lebewesen verbunden bin, so bin ich in ihnen und sie sind in mir und wir alle sind ein winziger Teil des Ganzen. Und jeder dieser winzigen Teile wird gebraucht! Ich spürte häufig dass sich auch die Bäume meiner jeweiligen Stimmung anpassten und empfand so viel Heilung, wenn ich sie brauchte, wobei jede Baumart eine andere Qualität ausstrahlt. Und ich gab meinerseits den Bäumen meine Liebe, Achtsamkeit und meinen Respekt. Etliche Zeit, nachdem ich angefangen hatte, mit den Bäumen zu reden, begannen sie, mir zu antworten. Manchmal spürte ich ihre Antwort, oder ich hörte sie innerlich oder ich wusste sie einfach. Ein neues, wunderbares Geschenk war mir gegeben! Ich empfand Liebe, Achtsamkeit und Ehrfurcht vor den Bäumen. Seither ist jeder einzelne Baum, zu dem ich mich regelmässig begebe, zu einem vertrauten Freund für mich geworden, mit dem ich eine enge Verbundenheit spüre, seine ganz individuelle Qualität wahrnehme und so geschieht ein schöner Austausch zwischen dem Baum und mir.

In diesem Wald hat es viele Buchen und eine dieser Buchen bedeutet für mich besonders die Passivität, die Empfänglichkeit, die Feinheit im Frühling mit den zartgrünen Blättern. Sie hilft mir, wenn zu viele Gedanken in meinem Kopf herumschwirren. Ich bleibe in respektvoller Distanz, berühre sie kaum oder nur ganz sanft und empfange von ihr Ruhe, Stille, Weisheit, Wohlergehen und Verbindung mit dem Höchsten und gebe ihr meine Ehrfurcht und Liebe.

Dagegen gehe ich zur alten, mächtigen Tanne mit dem riesigen Stamm und umarme ihn je nach meinem Bedürfnis leicht oder auch ganz kräftig, um die unglaubliche Standhaftigkeit, die Kraft, Beharrlichkeit, Ausdauer und Gelassenheit des Baumes zu spüren und um diese Qualitäten zu bitten, wenn ich sie benötige. Fühle ich mich selber gut und kraftvoll, dann teile ich mit dem Baum Freude und Dankbarkeit und in jedem Fall gebe ich ihm meine Achtung und Liebe.

Manchmal hinterlasse ich im Wald auch kleine Gaben für die Naturwesen, z.B. Nüsse, Kräuter oder einen kleinen Gegenstand aus der Natur. Es ist die respektvolle, liebevolle Geste, welche den Wesenheiten Freude bereitet und so verbeuge ich mich zuweilen im Wald vor allen Wesen oder singe ein Lied.

Die Eichen, denen ich auf dem Weg zum Wald begegne, bringen mir Schutz, Kraft, Beständigkeit und das Vertrauen, dass alles gut so ist wie es ist. Die Eiche gilt aber allgemein auch als unbeugsam und ist deshalb anfällig für Sturmschäden. In meinen jungen Jahren hatte ich einmal einen sehr feinfühlenden Chef, der mich manchmal liebevoll ermahnte, weniger wie eine Eiche zu sein, denn wie eine Weide. Aber dazu hatte ich damals gar keine Lust. Doch vergessen habe ich seinen treffenden Ratschlag nie.

Ich wohne in der Lindenmatt und hier hat es mehrere Linden. Ich bin fast sicher, dass diese Bäume mich hierher geführt haben. Sie geben mir immer wieder **Linde**rung und Trost, lassen mich ihre Verbundenheit spüren und unterstützen alles, was ich im Sinne der Gemeinschaft tue.

Die Linde vermittelt mir Herzlichkeit, Geborgenheit und Frieden. Ich glaube, die Linde gehört einfach zu mir und sie lehrt mich die Einheit des Seins. Und nicht zuletzt schenkt sie mir im Sommer die unbändige Freude an den fein duftenden Blüten, die schon frühmorgens in mein Schlafzimmer wehen, wenn ich noch im Bett liege. Auch dort, wo ich aufgewachsen bin, hatten wir eine riesige Linde neben dem Haus (die noch stets existiert) und wir tranken den Tee der Blüten nicht nur gegen Katarrh der Atemwege und Halsschmerzen, sondern einfach jederzeit zur Zwischenverpflegung. Zur Zeit der Germanen war die Linde ein heiliger Baum und mütterliche Beschützerin unseres Lebens. Häufig sind Dorflinden ein Ort der Gemeinschaft und in der Landschaft des Emmentals krönen Linden manch sanften Hügel und strahlen diese Energien aus. Auf einer Anhöhe oberhalb meines Wohnortes befindet sich eine Friedenslinde, umgeben von einer Ruhebank, auf welcher ich gerne verweile. Diese Linde wurde nach dem Ende des Zweiten Weltkrieges gepflanzt als Wahrzeichen des Friedens und der gemeinsamen Hoffnung für eine friedliche Zukunft unseres Landes und der Welt. Ich glaube, in der heutigen Zeit sollten an vielen Orten vermehrt solche Linden gepflanzt werden.

Die Birke liebe ich für ihre Weiblichkeit, ihre Schönheit des Seins und ihre für mich heilende Wirkung. Obwohl sie zart erscheint, ist die Birke beständig und stark. Vor vielen Jahren wuchs auf meinem Balkon von selbst eine kleine Birke und drohte, mit ihren Wurzeln den Blumenkasten aus Beton zu zersprengen. Mein lieber Nachbar half mir,
sie zu entfernen und wir setzten sie in einem naheliegenden Wald wieder, wo wir sie ab und zu besuchen und sie gedeiht prächtig. Und vor dem Haus steht nun eine andere Birke.

Da war ich doch kürzlich im Wald bei meinen Bäumen und plötzlich stand ein Hund vor mir und starrte mich an. Die Besitzerin, eine ältere Frau, die ich nicht kannte, sagte „er ist erstaunt, dass jemand so dasteht". „Ich spreche eben mit den Bäumen" entglitt mir und ich dachte, jetzt geht sie dann und denkt, ich habe einen Knacks. Aber die Frau sagte „das ist gut, dann wachsen sie schön! Schönen Tag!"

Vorher hatte ich mich stets etwas diskret im Hintergrund gehalten, wenn Hundebesitzer mit ihren Hunden kamen und wollte ihnen nicht auffallen mit meinem für sie vielleicht sonderbaren Gebaren.

Jetzt fand ich, das spiele nun keine Rolle mehr!

Bäume sind Kraft für die Seele

Bäume heilen uns. Sie helfen uns, in unsere innere Heimat zu kommen und von dort aus zu leben. Und sie gleichen uns immer wieder aus.

Für mich ist es wichtig, mich mit meinen Wurzeln zu verbinden, mich zu zentrieren, dann ist die Urkraft in mir. Immer wieder zieht es mich in den Wald, wo ich leichter zu meinen Wurzeln finde, die Bodenhaftung konkreter spüren kann. Es fehlt mir an Erde in meinem Wesen; ich habe einen Überfluss an Feuer! Das ist anstrengend und muss manchmal etwas ausgeglichen werden. Ich bin so dankbar für meine Intuition, die mir zeigt, was ich brauche und was mir guttut.

Und die Natur wirkt inspirierend und beflügelnd. Dort erfahre ich manchmal einen Geistesblitz zu einem Problem, einen zündenden Gedanken für ein Projekt oder eine Inspiration für ein Gedicht und deshalb habe ich meistens Schreibzeug dabei, um meine Eingebungen notieren zu können. Wenn ich dann zuhause das Geschriebene in den Computer eintippe, bin ich zuweilen ganz erstaunt, was ich notiert hatte.

Wandern in Einsamkeit

Früher begab ich mich auf Wanderungen gerne zusammen mit einer oder ein paar Freundinnen und genoss jeweils den Austausch und deren Gesellschaft. Aber diese sind dann nicht gerade immer verfügbar, wenn es schönes Wetter und mir spontan nach Wandern zumute ist. Eines Tages machte ich die schöne Erkenntnis, dass ich vollauf glücklich war, allein zu wandern! Dass ich gar niemanden brauche, der mitkommt. Ich wollte in die Alpen gehen und die Steinböcke sehen! Allein war ich meditativer und achtsamer. Ich tauchte tiefer ein in die Natur. Die Erfahrungen waren intensiver und heilsamer und sie offenbarten mir meine Seele.

Während ich wandere oder raste, kommen Inspirationen zu mir oder Antworten auf offene Fragen. Ich kann verweilen, wo und wann ich will, die Umgebung erfühlen und mich auf die Wesenheiten einschwingen.

Während einer Rast auf dem Rückweg dieser Wanderung besuchte mich ein Schmetterling auf der linken Hand und er wollte gar nicht mehr weg. So lieb und so schön und ich freute mich so, während ich mit ihm redete. Als er doch einmal wegflog, schwirrte er etwas umher und liess sich dann auf mein linkes Knie nieder, wo er mich mit seinen Fühlern kitzelte und ganz lange sitzen blieb. Was wollte er mir sagen? Es fühlte sich so zart und liebevoll an.

Freilich biete ich auch geführte, leichte Wanderungen zu Kraftorten an und wandere dann gerne mit einer kleinen Gruppe von Menschen. Doch alle diese Wanderungen habe ich zum Rekognoszieren jeweils mindestens einmal vorher allein gemacht.

So schön eine Wanderung in angenehmer Gesellschaft sein kann, so stark ist in mir als mitteilsames Wesen dann jeweils der Drang zum Gespräch, wodurch die Verbundenheit mit der Natur oberflächlicher wird.

Manchmal brauchen wir die Einsamkeit, um uns selbst zu verstehen und zu erkennen, was wir ändern müssen. Ein Ort in der Natur, wo Geist und Herz zur Ruhe kommen, wird zum Zufluchtsort für die Seele, wo Wunder geschehen!

Kraftorte in der Natur

Irgendwann entdeckte ich durch Kontakte mit gleichgesinnten Wanderern die Bücher des bekannten Kraftortforschers und Autors Pier Hänni, verschlang diese Bücher und begann, die darin beschriebenen Orte zu erkunden. Dadurch lernte ich, was ein Kraftort ist, wie wir uns darauf einstimmen können und wie er auf uns wirkt.

Eigentlich hatte ich all dies schon die ganze Zeit getan, bloss ohne irgendwelche Theorie studiert zu haben. Durch meine Wanderungen und dem achtsamen Verweilen an besonderen Orten spürte ich im Laufe der Zeit immer mehr die positiven Auswirkungen dieser Orte auf meine Stimmung und mein Allgemeinbefinden. Orte der Kraft, der Erholung, der Meditation und Heilung fand ich vor allem in den Bergen, aber auch an Quellen und Wasserfällen, Flüssen, Seen, dann wieder an alten Kultorten, bei einzelnen Felsen oder Steinen oder besonderen Bäumen. Während langer Zeit spürte ich als ganz besondere Kraftorte ein paar auserwählte Stätte auf meiner Mittelmeerinsel.

Kraftorte sind einfach Orte mit erhöhter natürlicher Energie und solche sind eigentlich fast überall zu finden. Ich brauchte aber Zeit, bis ich nicht nur die von bekannten Forschern beschriebenen Orte besuchte, sondern vielmehr begann, durch spontane Wanderungen auch eigene Kraftorte zu entdecken und erspüren.

In früheren Zeiten waren die Menschen noch naturverbunden. Sie wussten um die Kräfte in der Natur und spürten, wo sie besonders stark waren. Deshalb wurden an vielen solchen Orten später Kapellen, Kirchen oder Klöster errichtet, die heute als Kraftorte gelten. Ein treffendes Beispiel dafür sind die tausendjährigen Kirchen am Thunersee. Eine dieser Kirchen hat es mir besonders angetan: die Basilika von Amsoldingen, in wunderschöner Umgebung am Wohnort einer meiner ehemaligen Schulkameradinnen. Nachdem wir uns jahrzehntelang aus den Augen verloren hatten und schliesslich wieder gefunden hatten, treffen wir uns zu dritt dort seit ein paar Jahren jeweils im Sommer und verbringen einen gemeinsamen gemütlichen Tag. Und seit wir einmal diese Kirche besuchten, fand ich es dort so schön, dass wir ihr jedes Mal einen Besuch abstatten und in der Krypta zu dritt ein paar Lieder singen. Ein unbeschreibliches erhebendes Gefühl!

Einer der bedeutendsten Kraftorte der Schweiz, den ich erfahren habe und auch jährlich besuche sind die Simmenfälle und „Sieben Brünnen" (Simmenquelle). Das erste Mal war ich allein dort und sass stundenlang auf einem der Felsen entlang der tosenden Wasser. Ich fühlte mich immer besser, vitalisiert und erfrischt, bis mir plötzlich der Einfall kam: hier muss ich einen Workshop anbieten, zuerst die leichte Wanderung und das Reinigen entlang des Wasserfalls und dann das Auftanken an der Quelle. Und so geschah es. Mehrere Male begab ich mich mit einer kleinen Gruppe von Menschen dorthin und alle erfuhren sie die Reinigung, Heilung und Neubelebung. Inzwischen gehe ich am liebsten allein oder zu zweit, um selber diese natürliche Erneuerung voll auszukosten.

Ein anderer, ganz spezieller Ort der Kraft ist für mich die Engstligenalp, die mystische Hochebene mit dem Lägerstein und den sprudelnden Bächen. Doch der kraftvollen Orte gibt es unzählige, jeder mit seiner eigenen Besonderheit und an jedem Ort können Wunder geschehen, wenn wir ganz gewahr sind.

NATURWESEN

Eines Tages, nachdem die Natur für mich stets wichtiger geworden war, sagte ich mir, wenn ich Engel, Geistführer und andere Geistwesen wahrnehmen kann, so sollte dies doch auch für die Naturwesen möglich sein, denn diese sind in einer uns noch näheren Frequenz. Und so begann ich, überall in der Natur nach diesen Wesen Ausschau zu halten.

In Märchen und Legenden begegnet man den Gnomen, Zwergen, Elfen und Feen überall auf der Welt, doch in der

Wirklichkeit hat unsere heutige Kultur den Zugang zu ihnen grösstenteils verloren.

In früheren Kulturen verkehrten die Menschen aber mit den Naturwesen und diese waren ihnen zutraulich und unterstützten sie in vielen Belangen. Unsere Vorfahren – die oft als rückständig belächelt werden – wussten ganz genau, wie wichtig die Welt der Naturwesen ist.

Intuitiv zog es mich zu diesen Naturwesen; ich wollte mehr darüber wissen und sie kennen lernen. Als ich von der Zwergenhöhle bei der „Pfyffe", einem Gipfel im Gurnigelgebiet, erfuhr und dass Elfen und Feen von Einheimischen dort auch in letzter Zeit gesehen wurden, machte ich mich auf den Weg zu deren Entdeckung. Dort fand ich aber ausserhalb der Höhle bloss aus Holz geschnitzte Zwerge, und die andern Wesen, welche Einheimische offenbar aufspürten, fand ich nicht. Doch meine Faszination für die Naturwesen trieb mich immer weiter und ich verstand allmählich, dass sie nicht nur an ganz besonderen Orten sind, dass es aber gilt, anders zu schauen, um die Schwelle zu den Waldgeistern zu überqueren. Und dass es viel Geduld braucht und die liebevolle Verbindung zu diesen Wesen, damit sie sich uns manifestieren. Im Frühling und zur Zeit der Sommer- Sonnenwende soll der Schleier zwischen dem Menschen- und Feenreich dünner sein. So begann ich, immer mehr in Wäldern innezuhalten, mich einzuspüren und zu lauschen.

Am Anfang, als ich mich mit den Naturwesen beschäftigte, las ich viel Literatur darüber und arbeitete mit Karten, um die verschiedenen Arten der Wesen kennen zu lernen und zu erfahren, wie sie sich manifestieren.

So machte ich eines Tages eine Meditation, in welcher ich mich an die Naturwesen wandte. Plötzlich fühlte ich, dass ich beim Meditieren beobachtet wurde. Ich hatte das Gefühl, dass ein paar Kobolde da sassen, mir zuschauten und es lustig hatten. Ich grüsste sie und später, in tiefer Meditation sah ich dann mit meinen inneren Augen wie eine kleine, elegante Art Prinzessin, eine liebevolle und edle Fee. Ich war sehr berührt.

Am nächsten Tag zog ich zum ersten Mal eine Karte aus dem Set „Im Reich der Naturgeister" und zog die „Deva des Ortes". Sie sah genauso aus wie die Fee, die ich während der Meditation wahrgenommen hatte! So war das also die Deva meines Ortes, der Wohnung oder vielleicht der ganzen Umgebung. Sie ist die Hüterin der göttlich-geistigen Natur und erhält alles Licht in vollkommener Weise aufrecht. Sie ruft mich auf, sie zu unterstützen, damit Frieden wird und Altes ruhen kann. Was für ein Geschenk!

Im Sommer 2010 traf ich mich alle zwei Wochen mit einer kleinen Gruppe von Menschen im Wald, wo wir uns in zahlreichen Uebungen und Ritualen gemeinsam auf die Spuren der Elfen und Feen begaben.

Zwei Jahre später hielt ich dann den ersten Workshop in einem besonders schönen Wald: „Begegnung mit Naturwesen" mit einer kleinen Gruppe. Dort hatten wir Gelegenheit, uns auf die vier Arten der Naturwesen, nämlich die Erdgeister, die Luftgeister, die Feuergeister, und entlang des Baches auf die Wassergeister einzustimmen. Die Teilnehmer waren be-geistert und von den Erfahrungen berührt und so führte ich in den nächsten Jahren ein paar weitere solche Workshops in diesem Wald durch.

Auf meiner Ferieninsel machte ich einmal die erstaunliche Erfahrung mit einer Nymphe. Ich stand an einem frühen Morgen im halb körperhohen Meer in Ufernähe ganz allein, als mir plötzlich ein Wesen von hinten einen leichten Klaps in den Rücken versetzte und davonglitt. Ich spürte noch eine Präsenz, doch als ich mich umdrehte, war in der Nähe nirgends etwas zu sehen. Das Erschauern in meinem Körper und die Freude, die ich spürte, zeigten mir, dass es sich hier um ein Wasserwesen aus der feinstofflichen Welt handelte.

In Island betrachtet man auch jetzt noch diese Wesen als Realität und es gibt sogar eine Elfenbeauftragte! Sie ist zwar von den Behörden nicht offiziell anerkannt, aber wird doch von ihnen öfters um Rat und Hilfe gebeten. Mehr als die Hälfte der Menschen dort sind von der Existenz der Naturwesen überzeugt und viele haben sie schon gesehen. Und auch in Irland weiss ich von etlichen Menschen, welche den Naturwesen begegnet sind und wunderbare Erfahrungen erlebt haben. Es ist gut möglich, dass es überall vereinzelt Menschen gibt, welche die Naturwesen sehen.

Anlässlich meiner Reise nach Island schob ich nach einer Rundreise mit einer Gruppe durch die Naturschönheiten des Landes einen Zusatztag für mich ein, um mich nach den Naturwesen in Hafnarfjördur zu erkundigen. Ich hatte erfahren, dass es von dieser Stadt eine „Karte der Verborgenen Welten" gibt, welche Erla Stefansdottir, die „Elfenbeauftragte" verfasste und die sogar offiziell durch die Gemeindebehörde herausgegeben wurde! Auf dieser Karte ist eingezeichnet, wo die verschiedenen Naturwesen wohnen und was sie tun. Hafnarfjördur ist ein zierliches Städtchen mit bunten Häusern und vielen Parks, umgeben von riesigen wilden Lavaformationen, eine Oase von Ruhe und Charme inmitten der vulkanischen Wildnis.

Dieses Städtchen soll eine der grössten und vielfältigsten Populationen von Elfen und Elementargeistern von ganz Island beherbergen. So machte ich mich auf Entdeckungstour zu diesem Küstenort und es gelang mir eine fast private Führung durch diese Verborgenen Welten zu bekommen. Anschliessend schlenderte ich allein auf einen meditativen Spaziergang durch das Städtchen und auf den umliegenden Hügel, um mich einzustimmen in das innere Leben der Natur und Ausschau zu halten, was es um mich herum gab! Was für ein Erlebnis! Dies ist ein idealer Ort, um sich eins zu fühlen mit der Natur, das Elementale in sich zu verspüren und die eigene Wahrnehmung zu erweitern. Es hatte sich gelohnt, meinen Rückflug für die Erfahrungen an diesem mystischen Ort zu verschieben!

Durch sein erstes Buch „Ich bin ein Teil des Waldes" erfuhr ich vor vielen Jahren von Wolf Dieter Storl und durfte dann später eines seiner Seminare in Bern besuchen. Der als" Schamane aus dem Allgäu" bekannte Ethnobotaniker, Kulturanthropologe und erfolgreiche Autor sagt „in der Natur hört man die leise Stimme der Seele". Er weiss um die geistig-seelische Dimension der Pflanzen, die als Devas oder Lichtengel bewusst in das Erdgeschehen eingreifen und er fördert durch Seminare und mit Büchern die Kontaktnahme der Menschen mit den Pflanzendevas.

Was sind denn die Naturwesen und warum sind sie da?
Die Naturwesen sind die eigentlichen Hüter dieser Erde.
Sie bringen den göttlichen Plan in die Schöpfung. Sie fördern in ihrer Art alle Wachstums- und Veränderungsprozesse

der Natur. Sie schaffen und erhalten Wälder, Felder, Wiesen, Bäche und Hügel und natürlich alle Pflanzen und Blumen. Aber auch in den Städten kann man durchaus Naturwesen antreffen und vielleicht hast du in deinem Haus oder in deiner Wohnung einen Kobold, der im geheimen für Dich wirkt.

Die Naturwesen können ganz verschiedene Formen und Grössen haben. Sie gehören der Äther- oder Astralwelt an, die aber ebenso real wie die uns bekannte physische Welt ist, obwohl sie mit unseren äusseren Sinnesorganen nicht wahrgenommen werden kann.

Die Naturwesen besitzen eine eigene Hierarchie, die von den winzigsten Elementarwesen reicht über Elfen, Gnomen, Devas bis zu teils riesigen, hochentwickelten Engel der Natur.

Am einfühlsamsten beschreibt Flower A. Newhouse im Buch „Die Engel der Natur" die ganze Palette der Naturgeister über die Devas, Herren der Berge zu den Engel des Abends, Engel der Meere etc. und die wunderbaren Erfahrungen, die sie mit ihnen gemacht hat. Und sie lässt uns mit zauberhaften farbigen Bildern daran teilhaben, die sie nach ihren Beschreibungen der Wesen durch den Künstler Jonathan Wiltshire anfertigen liess.

Mit „Naturwesen" sind allgemein jene Wesen der inneren Welten gemeint, die unterhalb der Stufe der Engel in einem der vier Naturreiche dienen. Die detaillierteste Beschreibung dieser Wesen fand ich im Buch „Die Naturgeister" des Theosophen Erhard Bäzner. Er war einer, der sie gesehen hat und seine Einblicke in die feinstoffliche Welt waren eindrücklich. Nach ihm unterscheiden wir:

Erdgeister: Gnomen, Kobolde, Faune

Was für uns die Luft ist, ist für sie die Erde.

In Berggegenden oder im Wald halten sie sich aber auch oberhalb des Erdbodens auf. Die Gnomen sind die Freunde und Wohltäter der Tiere, Pflanzen und Menschen. Besonders helfen sie Kindern auf verschiedenste Weise.

Manchmal necken sie uns Menschen und ich habe im Wald und in den Bergen zuweilen das starke Gefühl, dass sie es sind, die mich stolpern lassen, wenn ich unachtsam bin.

Luftgeister: Feen, Elfen, Waldgeister

Sie beherrschen das Element der Luft und befassen sich mit dem Wachstum der Gräser, Blumen, Sträucher und Bäume.

Nachts oder in der Dämmerung erheben sie sich singend, tanzend und spielend über idyllische Wiesenflächen, über Seen und Flüssen oder auf einsamen Waldlichtungen. Sie zeigen sich häufig den Kindern und helfen ihnen, wenn sie in Gefahr sind oder sich verirrt haben. Wenn Menschen still und in sich gekehrt durch Wald und Feld streifen, kann es sein, dass die Waldgeister sie begleiten.

Feuergeister: Salamander

Ihr Hauptaufenthalt ist das Feuer oder dessen Nähe.

Sie versuchen überall, wo sich die geringste Gelegenheit ergibt, das Element des Feuers zur Tätigkeit zu bringen.

Ist es wohl gerade deshalb so faszinierend, in tiefer Versunkenheit in die Flammen eines offenen Feuers zu schauen, weil plötzlich für einen kurzen Moment ein Gebilde erscheint, das uns berührt?

Wassergeister: Nixen, Nymphen, Undinen, Wasserjungfrauen

Ihr liebster Aufenthalt ist das Meer und sie sind sehr spielerisch.

Ihre Zuneigung gilt den Menschen, die sie bei Gefahr häufig schützen. Gerne spielen sie bei Wasserfällen, wo sie sich hochschwingen und sich tanzend von den rasch fliegenden Wellen forttragen lassen.

Besonders beobachtet habe ich dies bei den Simmenfällen und bei nebligen Verhältnissen in der Aareschlucht.

Wenn bedeutende Plätze durch die Menschen bedroht werden, reagieren die Naturwesen im Rahmen ihrer Möglichkeiten, durch Warnungen oder indem sie dem Vorhaben entgegenwirken. Menschliche Arbeit in der Natur gelingt umso leichter, je besser der bewusste oder unbewusste Kontakt zu den Naturwesen ist.

Jeder Baum hat seinen Faun, der die Tätigkeiten des Baumes zu allen Jahreszeiten überwacht, die Energie lenkt und mit der Umgebung in Harmonie bringt. Darüber hinaus kann ein Baum vielen Naturwesen ein Zuhause bieten. Wenn in früheren Zeiten ein Baum gefällt werden musste, begrüsste man vorher das Baumwesen, entschuldigte sich und gab ihm die Möglichkeit, sich einen andern Ort zu suchen.

Leider hat die Mehrzahl der heutigen Gesellschaft den Glauben an Naturwesen verloren, so dass sich die Naturgeister mehr und mehr zurückzogen und keine Zusammenarbeit mehr möglich war.
Und jetzt befinden sich die Naturwesen in Not, weil wir die Natur so zerstören und wir sind dringend aufgerufen, Mutter Erde wieder mit Respekt zu begegnen. In dieser Zeit des Umbruchs und des Wandels ist es besonders wichtig, dass wir uns für die Seele der Natur und deren Bewusstsein öffnen und mit den Naturwesen in Verbindung treten. In Zusammenarbeit mit ihnen können wir helfen, die Umweltschäden zu verringern und vieles wieder ins Lot zu bringen, damit für Mutter Erde und uns das Überleben und der Übergang in höhere Dimensionen ermöglicht werden.

In der neuen Zeit werden auch Naturwesen wahrgenommen, die keinem der vier Elemente zugeordnet werden können, die eine besonders reine Schwingung ausstrahlen, die verschiedensten Formen und Grössen aufweisen und die bei der Umwandlung und dem Aufbau des neuen Erdraums mithelfen.

Wie kann ich die Naturwesen finden und wahrnehmen?

Heute weiss ich: sie sind überall! Es gibt keine Wegbeschreibung, wo du sie finden wirst, aber in der Natur, und eben im Wald, sind sie besonders heimisch. Plätze, an denen sie gerne verweilen sind bei alten Bäumen, in Blumenwiesen, an Quellen und Flüssen, auf einem Berg, auf einer Insel oder in einer Höhle und einfach an vielen Kraftorten.

Ob sie sich 1:1 zeigen ist ihre Entscheidung; es ist ein seltenes Geschenk und hängt von unserer Geisteshaltung und Motivation ab. Aber einen Blick hinter den Schleier werfen und fühlen kannst du sie vielleicht. Wenn du durch die Natur gehst, sei respektvoll, öffne dein Herz und lass dich von deiner Intuition leiten. Beobachte, lausche und nimm die Atmosphäre in dich auf. Je tiefer du dich einstimmst, desto grösser die Chance, sie zu erspüren. Vielleicht ahnst du, dass die Naturwesen da sind. Wahrnehmen kannst du sie in dem Moment, wenn sich der Schleier zwischen unseren beiden Welt lichtet. Ein Moment, in dem die Zeit still steht. Ein Augenblick, in dem Leichtigkeit und Freude uns durchströmen und in dem wir das helle Lachen der Elfen hören.

Die Welt der Elfen und Feen braucht keine Beweise. Aber viele Menschen lieben Beweise, denn so wissen auch alle andern, dass wir keine „Spinner" sind und wir uns selber vertrauen können.
Den Weg zu den Naturwesen finden wir indessen nicht durch Beweise, sondern durch den Glauben, durch das Vertrauen in uns und in die Natur, durch Einfühlungsvermögen und Sensitivität.

Das Erleben der Naturwesen wird häufig durch mentale Blockaden verhindert. Man hält seine Wahrnehmungen für Einbildung oder Fantasie, so dass von ihnen nichts mehr übrig bleibt. Doch Fantasie ist nichts Minderwertiges. Schon Einstein wusste, dass jede Erfindung mit Fantasie beginnt. Und wenn wir uns dazu einer spielerischen Kreativität hingeben und unserem inneren Kind Raum geben, sind wir auf dem richtigen Pfad. Dank meinen Erfahrungen in der Medialität war ich vertrauensvoll und fand den Zugang zu den

Naturwesen unvoreingenommen und leichter. Manchmal fühle ich mich selber fast wie ein kleiner Gnom und schwelge in diesem Gefühl.

Die Naturwesen sind nahe
- wenn der Wind durch Gräser streift
- wenn das Wasser von einem See klar wie ein Spiegel vor uns liegt
- wenn der Nebel in der Dämmerung sich über der Wiese lichtet
- wenn sich die Wipfel der Bäume wiegen und das Laub rauscht
- wenn Blüten, Blätter, ein Windhauch deine Wange streift
- wenn Aeste sich unter einer unsichtbaren Last beugen oder ein unerklärliches Zittern von Zweigen oder Blättern erkennbar ist
- wenn wir innehalten und plötzlich das Gefühl haben, beobachtet zu werden
- wenn wir die Welt um uns herum vergessen und ganz in uns selbst versunken sind

Dann ist ein Hauch der Präsenz der Wesen wahrnehmbar. Vielleicht kannst du etwas sehen, fühlen, riechen, hören, tasten oder du weisst es einfach.

ALLES IST SCHWINGUNG. Auch wir. Die Geistige Welt. Und deshalb eben auch die Naturwesen. Es ist nur immer die Frage, auf welcher Frequenz die Schwingung ist.

Vertraue deinen Empfindungen und glaube an Dich und dein Gefühl, gehe aufmerksam durch die Natur, sei einfühlsam und kreativ und verliere nie deine Fantasie!

Du kannst mit den Wesen sprechen, kannst sie zeichnen oder malen, darüber lesen oder deine Erfahrungen niederschreiben. Auf diese Weise bleiben sie nach der Erfahrung gegenwärtiger und manifestieren sich weiter. Sei offen und voller Liebe, Vertrauen, Toleranz und Geduld.

Schaffe Orte der Kraft in deinem Garten oder in deiner Wohnung und lade die Naturwesen ein!

Geomantie

Durch meine Vorliebe für die Geistige Welt und die Naturwesen gelangte ich im Jahre 2012 zum international bekannten Geomanten, Bildhauer, Land-Art Künstler und Autor Marko Pogacnik und damit zur Berner Gruppe Geomantie. Ich nahm am Wochenendseminar mit Marko „Wandlung von Erde und Menschheit" teil und erfuhr dort von der Existenz der Berner Gruppe. Wie schade- widerfuhr mir – das wäre ein spannendes Thema, doch ich bin schon zu beschäftigt - und so wollte ich nicht noch etwas Neues beginnen. Aber das Thema, ganz besonders die Aussicht, in der Geomantie den Kontakt zu den Naturwesen vertiefen zu können, liess mich nicht los und so nahm ich in der darauf folgenden Zeit an einer der Veranstaltungen dieser Gruppe teil und seither versuche ich, dort mitzumachen, wenn ich es einrichten kann (www.geomantiegruppen.ch/berner).

Was ist denn Geomantie? Der Begriff Geomantie kommt aus dem Griechischen und bedeutet ursprünglich Kommunikation mit der Erde.

Bei der Geomantie geht es um die Wahrnehmung der

feinstofflichen Strukturen, also der verborgenen Kräfte und Dimensionen der Natur und der Erde und je nachdem um den Ausgleich der Energien. Dabei ist es wichtig, in Zusammenarbeit mit der Geistigen Welt zu arbeiten.

In der Schweiz, Deutschland und England werden diverse Ausbildungen in Geomantie angeboten, die über das Internet gefunden werden können. Ich habe selber keine Ausbildung in Geomantie absolviert, doch ich fühle mich wohl innerhalb der Berner Gruppe, wo jeder sich nach seinem Hintergrund einbringen kann und als Sensitive ist für mich das Einfühlen in die Landschaft ganz natürlich. Die Wahrnehmungen, die durch die Teilnehmer im Feld gemacht werden und der offene Austausch innerhalb der Gruppe sind für mich immer wieder eine Bereicherung und inspirieren mich zu vertieftem eigenem Einfühlen. Durch die Arbeit innerhalb einer Geomantiegruppe kann sich jeder auf seine Art zum Wohle unserer Mutter Erde einbringen und durch die Vernetzung mit der Gruppe wird die Wirkung erhöht.

6   *Transformation und Wandel*

*Sei du die Veränderung,
die du dir wünschst für diese Welt*
Mahatma Gandhi

Seit Beginn des Wassermannzeitalters befinden sich die Menschheit, und simultan dazu die Erde, in einem gigantischen Umwandlungsprozess, der für die nächsten 2000 Jahre dauern wird. Neue, höhere Schwingungen strömen auf die Erde ein und helfen mit, dass Erde und Mensch allmählich in höhere Sphären aufsteigen.

In dieser Zeit des gewaltigen weltweiten Umbruchs und Wandels ist es not-wendig, Gedanken, Überzeugungen und Muster, die uns während unseres Lebens geprägt haben, loszulassen. Besonders negativ bewertende und urteilende Gedanken über Andere oder uns selbst gilt es aufzugeben, um endlich zu **erkennen, dass wir grenzenlose Seelenwesen sind**. Wir sind allgemein schnell bereit, andere zu kritisieren oder zu verurteilen. Das ist auch viel einfacher, als an sich selbst zu arbeiten. Doch die Auswirkungen werden nicht ausbleiben, denn wenn wir jemanden auch bloss in Gedanken kritisieren, wird er dies spüren und darauf reagieren.

Wenn wir Dinge oder andere Menschen ablehnen, begrenzen wir unsere eigenen Möglichkeiten, denn wir trennen uns von unserer Umgebung und unsern Mitmenschen ab und verhindern die Möglichkeit, die Andern neu zu erfahren. Dabei vergessen wir, dass wir mit unserem begrenzten Verstand gar nicht in der Lage sind, Andere zu beurteilen, weil wir nicht wissen können, wo sie in ihrem jetzigen Leben stehen und was ihre Vorgeschichte ist.

Wenn wir hingegen durch unser Herz schauen, können wir andern Menschen in Liebe begegnen, wir empfinden Mitgefühl und Verständnis und das Echo wird entsprechend sein. Dann können wir die andern so akzeptieren, wie sie sind, so wie wir dies von uns selber erhoffen. Auf der Seelenebene gibt es nur Liebe, Freude und Frieden.

Jetzt ist es Zeit alles, was dich begrenzt oder dich ängstigt, anzuschauen und sich dem zu stellen, um die Ursache zu finden und es aufzulösen. Was auch immer geschieht, bleibe in deinem Herzen und bewahre Vertrauen. Sorge jetzt mehr denn je dafür, in deiner Mitte zu sein, um den auftretenden Turbulenzen standzuhalten.

Die Geomantie stellt seit vielen Jahren fest, dass die Erde, oder „Gaia" ein mehrdimensionales, beseeltes Wesen und im Begriff ist, in höhere Schwingungen aufzusteigen. Kosmische Zyklen kommen und vergehen, also muss der alte Raum auseinanderfallen. Noch wird aber die Aufmerksamkeit der Menschen durch die sich aufbäumenden dunklen Kräfte so geleitet, dass ein Grossteil von ihnen nicht merkt, dass das Wunder dieser globalen Wandlung schon stattfindet.

Negative Kraftfelder entstehen mit dämonischen Kräften, die von vielen Menschen entwickelt werden und es ist unsere eigene Verantwortung, diesen negativen Kräften fern zu bleiben. Da ist es wichtig, dass wir uns neutral verhalten, uns auf das Positive konzentrieren und im inneren Frieden mit uns selbst und der Geistigen Welt bleiben. Wenn diese

Voraussetzungen vorhanden sind, bekommen die negativen Kräfte keine Nahrung von uns und wir können in turbulenten Zeiten standhaft bleiben. Glücklicherweise treten weltweit immer mehr Menschen zutage, die lichtvolle Energie in Frieden und Liebe verbreiten und die damit zum Aufstieg der Erde und der Menschen beitragen.

In einem Vortrag vor ein paar Jahren gab uns der Mayapriester, Schamane, Heiler und Autor mehrerer Bücher Norbert Omrael Muigg (www.to-om-tra.com) Richtlinien für das Leben im Neuen Zeitgeist, die ich mir notierte und hier in freier Fassung wiedergebe.

Erkenntnisse und Richtlinien für den neuen Zeitgeist

- Der zentrale Schlüssel ist das Liebe-Weisheits-Prinzip
- In ein Kraftfeld des Friedens gehen, d.h. es erschaffen und darin leben
- Liebe: Wenn ich in mir geborgen bin, begegnen mir dauernd liebevolle Menschen
- Herausfinden, was in dem neuen Zeitgeist mein besonderer Beitrag ist
- In Achtsamkeit und mit Rücksicht mit Mutter Erde leben und den Zugang zu den Naturwesen intuitiv fördern
- Auf der Seelenebene gibt es keine Täter und Opfer. Es gibt keine Geschehnisse, die mir zustossen, die nicht mit mir zusammenhängen
- Der Dienst an den Andern ist die Basis der spirituellen Entwicklung
- Es ist absolut notwendig, ein geordnetes Energiefeld in

deiner Wohnung zu schaffen, wenn du in der Fülle sein willst
- Die Ordnung muss in dir selber beginnen, mit deiner Haltung
- Was nicht auf die neue kosmische Ordnung ausgerichtet ist, zerrinnt.
- Es wird unsere grosse Herausforderung sein, die Illusionen, die der Mensch gebaut hat, durch die eigene Wahrheit aufzulösen.

Wenn unser Bewusstsein von Illusionen gereinigt ist, ist es Weisheit
(Thich Nhat Hanh)

Ausblick

Im monumentalen Wandel, in dem wir uns befinden, beschleunigen sich die Schwingungen zusehends und das Bewusstsein der Menschen erhöht sich fortlaufend. Eine Zunahme der Ereignisse führt dazu, dass uns alles immer schneller und schneller erscheint und wir angesichts der Turbulenzen gut darauf achten müssen, in unserer Mitte zu bleiben.

Die ganze Welt ist in einem dermassen gigantischen Umbruch begriffen, dass nur noch der kontinuierliche Wandel Beständigkeit hat. Und wir können entweder in unserer Starre festhalten, und werden dann wie in einem Riesenrad unkontrolliert herumgeschleudert, oder wir können wach und bewusst werden, uns zentrieren und fest in unserer Mitte den Wogen standhalten. Zugegeben, es ist heute nicht leicht, sich mit den rasanten Veränderungen nicht überfordert zu fühlen. Denn häufig kommt es vor, dass wir neue Erkenntnisse, Einsichten erhalten haben und uns entsprechend auf den Weg machen wollen, nur um festzustellen, dass sich bereits alles wieder verändert hat. Es gilt, bei sich selbst zu bleiben und den eigenen Weg zu gehen, uns immer wieder auf das für uns Wesentliche zu konzentrieren, ungeachtet der turbulenten Geschehnisse in der Welt.

Unsere Bewusstheit und die reine Liebe im Herzen beschützen uns und die Geistige Welt führt und fördert uns auf dem Weg zu einem stets lichtvolleren Dasein. Und wenn unser Dasein lichtvoll ist, werden es auch unsere Gedanken und Gefühle über die Welt sein. Wenn wir uns die Welt voller Hoffnung und Chancen vorstellen, kann dies im Aussen viel bewirken. Durch die Gedanken der Liebe und des Friedens, die wir hinaussenden, leisten wir einen direkten Beitrag für eine friedliche und liebevolle Welt.

Durch ihre spirituelle Transformation und die damit gewonnene Bewusstheit werden stets mehr Menschen durch ihre Seele gesteuert, werden Licht und Liebe leben, sich für Frieden und Gerechtigkeit einsetzen und der Welt dienen.

Da sich die dunklen Kräfte aber noch aufbäumen gegen das zunehmende Licht und die allumfassende Liebe in der Welt, sind Heilen und Lichtverbreitung mehr denn je dringend nötig und es empfiehlt sich die **Vernetzung** heilender und lichtverbreitender Kräfte. Das vernetzte Wirken in Gruppen oder gar grösserer Bevölkerungsschichten weltweit ist für den Bewusstseinswandel und Frieden auf der Welt von grosser Wichtigkeit und dessen vervielfachte Wirkung kann die Transformation erheblich beschleunigen. Möge sich jeder, dem dies am Herzen liegt, sich nach seinen besonderen Interessen, an seinem Ort oder in seiner Umgebung jenen Menschen und Gruppierungen anschliessen, die seinen Themen am besten entsprechen.

Wir sind aufgerufen, als Lichtboten zu arbeiten und uns in dieser Eigenschaft zu vernetzen und damit die Wirkung unseres Tuns zu potenzieren. Der Möglichkeiten gibt es mannigfache, sei es mit gemeinsamer Meditation oder Singen und Musizieren in Gruppen für den Frieden, sei es mit Heilen für die Menschen, die Erde und alle Lebewesen oder in Seminaren, Workshops, Kongressen, Aktionen und Zusammenarbeit national und international usw. Angebote gibt es deren in Hülle und Fülle, nicht zuletzt auch über das Internet.

Verbinden wir unsere Herzen, so dass ein riesiges Lichtnetz auf Erden entsteht. Ein weltweites Lichtnetz mit dem gemeinsamen Ziel der Liebe, der Befreiung und des Friedens für die Erde und alle ihre Bewohner.

So sei es!

Literaturverzeichnis

Bäzner Erhard Die Naturgeister, Aquamarin Verlag 2007, ISBN 978-3-89427-274-6

Bond Elisabeth, Persönliche Meisterschaft – Gelebte Spiritualität, ISBN Nr. 3-906786-71-4

Bruckner Karin : Die Urkraft Kundalini, ISBN 978-3-426-29103-0

Haas Jana: „Himmlisches Wissen", Ein erfülltes Leben mit Hilfe der Engel, ISBN 978-3-426-65731-7

Hänni Pier: Wege zu Orten der Kraft, ISBN 978-3-03800-278-9

Hänni Pier: Magisches Berner Oberland, Wanderungen zu Orten der Kraft, ISBN 3-85502-729-3

Hänni Pier: Magisches Bernbiet, ISBN 978-3-85502-804-7

Harnisch Günter Dr.: Träume verstehen und selbst gestalten, ISBN Nr. 3-89373-500-3

Heede Günter + Schriewersmann Wolf Dr.med.: Matrix Inform; Grundlagen der Quantenheilung, ISBN 978-3-424-15297-5

Johnson Marjorie: Naturgeister, Wahre Erlebnisse mit

Elfen und Zwergen, Aquamarin Verlag 7. Auflage 2008,
ISBN 978-3-89427-140-4

Kinslow Frank Dr.: Quantenheilung erleben
ISBN 978-3-86731-058-1

Krämer Dietmar: Der Aufstieg der Kundalini,
ISBN 978-3-89427-455-09

Kriele Alexa: Von Naturgeistern lernen,
ISBN 978-3-548-74334-9

Kripananda Swami: Kundalini Shakti, die Göttliche Kraft,
ISBN 3-0930711-34-6

Mayer Thomas: Rettet die Elementarwesen! Verlag Neue Erde 2008, ISBN 978-3-89060-517-3

Merz Blanche: Orte der Kraft in der Schweiz,
ISBN 978-3-03800-575-9

Muktananda Swami: Kundalini – das Geheimnis des Lebens, ISBN Nr. 3-930711-28-1

„Natur und Heilen", Monatszeitschrift für gesundes Leben www.naturundheilen.de, Ausgabe März 2017 „Die Macht des Geistes" und „Wir sind das Placebo, Interview mit Dr. Joe Dispenza, Chiropraktiker und Neurowissenschaftler; www.drjoedispenza.de

Newhouse/ Flower A. / Stephen Isaac Stephen: Die Engel

der Natur, Aquamarin Verlag 2001,
ISBN Nr. 3-89427-073-X

Osho: BewusstSein, Beobachte, ohne zu urteilen,
ISBN 978-3-548-74211-3

Osho, Zen Tarot, ISBN 978-3-908646-49-5

Pogacnik Marko: Elementarwesen, Begegnungen mit der Erdseele, ISBN Nr. 978-3-03800-348-9

Rapten Gesche: Stufen des Bewusstseins,
ISBN Nr. 3-905497-23-9

Ruland Jeanne: Im Reich der Naturgeister,
ISBN Nr. 978-3-89767-076-1

Ruland Jeanne: Die Kraft der Segnung,
ISBN 978-3-8434-5068-3

Schneider Petra / Pieroth Gerhard K.: „Engel begleiten uns", ISBN 3-89385-330-8

Spalding Baird T.: Leben und Lehren der Meister im Fernen Osten, ISBN 978-3-8434-4416-3

Stefansdottir Erla: Lifssyn min, Lebenseinsichten der isländischen Elfenbeauftragten, IN 978-3-89060-264-6

Storl Wolf-Dieter: Ich bin ein Teil des Waldes,
ISBN 978-3-453-70098-7

Storl Wolf-Dieter: Pflanzendevas, Die geistigen Dimensionen der Pflanzen, ISBN 978-3-03800-846-0

Tepperwein Kurt: Die Botschaft deines Körpers, ISBN 978-3-86882-231-1

Villoldo Alberto Dr. Die vier Einsichten, ISBN 978-3-442-21805-9

Vollmar Klausbernd: Träume erinnern und richtig deuten, ISBN Nr. 3-7742-2003-4

von Stepski-Doliwa Stephan: Sai Baba spricht zum Westen, ISBN 3-930889-00-5

Von Margarita del Sol bisher erschienen:

Asaro Verlag 2011
400 Seiten, Paperback
ISBN Nr. 978-3-941930-71-1
€ 21,90

www.margaritadelsol.ch